岁月留痕 4

SUIYUE LIUHEN

主编 林楚涛

编者的话

亲爱的同学，当你打开这本书时，你就开启了一段惬意的旅程。从相遇、相知，到相伴前行，淡淡的书香将一直萦绕在你身边。

在初中语文教材里，你会读到许多名篇佳作，你将会沉浸在充满智慧、有温度的文字世界中，语文素养自然会得到提升。面对神秘奇幻的自然、日新月异的世界、渐趋丰盈的人生，每册教材中的二十几篇课文，恐怕很难再满足你的阅读需求，你的阅读理应更广泛、更自由、更专业。如何让课内外读物有机融合成滋养你成长的沃土？如何让点滴的阅读收获汇聚成助推你遨游书海的动力？我们汇聚全国各地的名师，在研读教材的基础上精选文章，设计帮你实现高效阅读、自主学习的平台和支架……

于是，便有了摆在你面前的这本书。

这本书分为经典诵读、单元学习、整本书阅读三个板块。

第一个板块是“经典诵读”，所选古诗词历久弥新。针对诗词中可能会给你造成阅读障碍的生字难词，我们加注了读音和注释，且辅以专业诵读音频供你赏听以及鉴赏资料供你查阅。希望你能利用每天的晨读或其他课余时间反复诵读，持之以恒，假以时日，定能厚积薄发。

第二个板块是“单元学习”，我们精心挑选了一组与课文主题相关的文章，组合成一个阅读单元，让你在学习课文的基础上拓展阅读更多佳作；针对教材中的每个写作主题，我们也选取了相应的文章（含片段）组成单元，为你的写作指引方向或触发灵感。其中“范文阅读”“组文阅读”“自由阅读”和“类文阅读”四个小标签可提示你采用不同的方式进行阅读。选文之外还附有单元导语、旁批、学习提示、单元学习任务等助读工具，为你的自主阅读提供助力。

带有“范文阅读”标签的文章最贴近教读课文的学习要点，你可以在学过教读课文后，参看这些范文中的旁批和文后的学习提示进行阅读，习得课内所学。

带有“组文阅读”标签的文章都与教读课文主题相关，帮助你在多篇文章的比较阅读中拓宽视野、发展思维、形成能力。阅读时，你可以参看文后的单元学习任务，运用阅读所得解决实际问题，提升语言文字的实际运用能力。

带有“自由阅读”标签的文章与自读课文相关联，你可以根据自己的需要、兴趣自主选择阅读，多读、少读、深读、浅读皆可，如能养成边读边做批注的习惯，你会邂逅更多精彩与惊喜。

带有“类文阅读”标签的是一组与单元写作要求相匹配的文章。这组文章的首篇附有旁批，配合单元写作重点为你的写作实践提供技巧点拨。

第三个板块是“整本书阅读”，推荐书目多为《义务教育语文课程标准（2011版）》中建议初中生阅读的名著。我们设计了“阅读导航”“精彩选篇”“阅读规划”“交流平台”等助读工具，若能激发你的阅读兴趣，为你提供科学的方法指导，助你养成主动阅读整本书的习惯，我们将由衷地感到欣慰。

愿这本书能陪伴着你在阅读的黄金时期，与经典交流，与大师对话，帮助你积累知识，开阔视野，丰富心灵，培育精神，做睿智、优雅的人！

顾之川

经典诵读

第一单元 父爱深沉

范文阅读

第二单元　草木有情

第三单元　生命礼赞

第四单元　走近汪曾祺

自由阅读

第五单元　雨落无声

自由阅读

第六单元　语言要连贯

类文阅读

整本书阅读

在经典中浸润，在诗海中徜徉，让心灵开始一次雅韵悠长的旅程。从《诗经》到宋词，从田园到边塞，从婉约到豪放，从现实主义到浪漫主义……那些作品，或率真质朴，或清幽缠绵，或慷慨刚健，或隽永蕴藉，寄托了中华儿女的家国情怀，传承着博大精深的中华文明。

有了诗词的濡染，我们的学习自当渐入佳境；有了经典的浸润，我们的生活定会异彩纷呈。

扫码收听朗读音频

1. 行行重行行

⊙《古诗十九首》

行行重[①]行行，与君生别离[②]。
相去万余里，各在天一涯[③]。
道路阻[④]且长，会面安可知！
胡马[⑤]依北风，越鸟[⑥]巢南枝。
相去日已远[⑦]，衣带日已缓[⑧]；
浮云蔽白日[⑨]，游子不顾[⑩]返。
思君令人老，岁月忽已晚。
弃捐[⑪]勿复道，努力加餐饭。

---

① 重：又。

② 生别离：活生生地分离。

③ 各在天一涯：天各一方。涯，边，方。

④ 阻：艰险。

⑤ 胡马：北方的马。胡，古时称北方少数民族为胡。

⑥ 越鸟：南方的鸟。越，古国名，在今浙江，泛指南方。

⑦ 日已远：一天远似一天。已，同“以”，连词。

⑧ 缓：宽松。

⑨ 浮云蔽白日：比喻游子在外地为人所惑。

⑩ 顾：念。

⑪ 弃捐：抛弃。

这首诗抒写了一个女子对远行在外的丈夫的深切思念。全篇抒情，层层展开，步步深入，相思之情，表现得缠绵细致，诚挚感人，具有朴素自然的风格。先追叙初别，次说路途遥远难以会面，再写相思之苦，最后以勉强的宽慰之词作结。为了使抒情有深沉、细致、委婉感人的效果，往往采用意义相近的词语或句子，反复使用，迭次出现。如“相去万余里，各在天一涯”“道路阻且长，会面安可知”“思君令人老，岁月忽已晚”等，都是取意义相近、加深表现热切思念之情的词语。

扫码收听朗诵音频

2. 清平调（其一）

⊙〔唐〕李白

云想衣裳花想容，春风拂槛①露华②浓。
若非群玉山③头见，会④向瑶台⑤月下逢。

赏析

这首诗化虚为实，用比喻、烘托的手法，将难以描绘的美貌表现得真切动人。诗以“春风”句为中峰，前以云、花侧衬，后以群玉山、瑶台仙子拟之，借写牡丹之临风承露，风神摇曳，而寓贵妃承恩得宠之娇艳华贵。花之与人，融为一体，加以词气流转，得恍惚缥缈之致。

---

①槛：栏杆。

②露华：带露珠的花朵。

③群玉山：神话中的仙山，传说为西王母所居之处。

④会：应当。

⑤瑶台：传说中西王母的宫殿。

扫码收听朗诵音频

3. 梦　天[①]

⊙〔唐〕李贺

老兔寒蟾[②]泣天色[③]，云楼[④]半开壁斜白[⑤]。
玉轮轧露湿团光，鸾珮[⑥]相逢桂香陌[⑦]。
黄尘[⑧]清水[⑨]三山[⑩]下，更变千年如走马。
遥望齐州[⑪]九点烟[⑫]，一泓[⑬]海水杯中泻。

---

① 梦天：梦游天上。

② 老兔寒蟾：兔、蟾，均代指月亮。

③ 泣天色：秋月初出，光影凄清，像月中的兔和蟾在哭泣。

④ 云楼：想象中的月中楼阁。

⑤ 壁斜白：月光斜照。

⑥ 鸾珮：雕着鸾凤的玉佩，这里指系着鸾佩的仙女。珮，通“佩”。

⑦ 桂香陌：飘着桂花香气的小路。神话传说中月宫里有桂树。

⑧ 黄尘：指陆地。

⑨ 清水：指海洋。

⑩ 三山：指传说中海里的蓬莱、方丈、瀛洲三座神山。

⑪ 齐州：指中州，即中国。

⑫ 九点烟：古时中国分为九州，从天上远远看下来，九州渺小得像九个烟点。

⑬ 一泓（hóng）：一汪。

这首诗写梦游月宫的幻境，是古代游仙诗的一种。诗人通过描写天上仙境以排遣个人苦闷。当诗人自天上俯视人间，时间是那样短促——更变千年如走马，空间是那样渺小——遥望齐州九点烟，寄寓了诗人对人事沧桑的深沉感慨，表现出冷眼看现实的态度。前人谓李白“仙才”、李贺“鬼才”（宋祁语），是说二人均以瑰奇的风格著称，而李白之气放逸而舒展，李贺之气郁勃而峭急。同叙由高处俯视，李白云“登高壮观天地间，大江茫茫去不还。黄云万里动风色，白波九道流雪山”；李贺云“黄尘清水三山下，更变千年如走马。遥望齐州九点烟，一泓海水杯中泻”。对读，可见二人气质不同。

4. 凤栖梧[①]

⊙〔宋〕柳永

伫[②]倚危楼风细细，望极春愁，黯黯[③]生天际。草色烟光残照里，无言谁会[④]凭阑意。

拟把[⑤]疏狂[⑥]图一醉，对酒当歌，强乐还无味。衣带渐宽[⑦]终不悔，为伊[⑧]消得[⑨]人憔悴。

---

① 凤栖梧：词牌“蝶恋花”的别名。

② 伫：久立。

③ 黯黯：心神沮丧的样子。

④ 会：理解。

⑤ 拟把：打算。

⑥ 疏狂：生活散漫狂放、不拘礼法。

⑦ 衣带渐宽：指人渐渐消瘦。

⑧ 伊：人称代词，她，这里指恋人。

⑨ 消得：值得。

这首词描写对恋人那种深沉执着的思念之情。上片写的是“春愁”，泛泛写来，使人感到似乎是漂泊的游子在登楼赏春时都会有的那种闲愁。因为他没有交代为何而愁，为谁而愁，这样写是为下片留有余地。下片前三句先写他想用疏狂醉酒的方法来排遣春愁，但却适得其反。那么，这种无法排遣的春愁到底是什么呢？结尾两句则把“春愁”的底蕴和盘托出。至此，全篇的主题也就明朗了。原来作者是以他自己甘受相思之苦来表示对爱情的忠贞。这两句以生动鲜明的形象抒写出刻骨相思、坚贞不渝的真挚感情，艺术感染力极强，与《诗经·卫风·伯兮》中的“愿言思伯，甘心首疾”有异曲同工之妙。

扫码收听朗诵音频

5. 浣溪沙

⊙〔宋〕苏轼

游蕲水[①]清泉寺[②]，寺临兰溪[③]，溪水西流。

山下兰芽[④]短浸溪，松间沙路净无泥，萧萧[⑤]暮雨子规[⑥]啼。

谁道人生无再少？门前流水尚能西[⑦]，休将白发唱黄鸡[⑧]。

---

① 蕲（qí）水：古县名，在今湖北省浠水县，位于黄冈市正东。

② 清泉寺：位于蕲水县城外二里。

③ 兰溪：水名，源于箬竹山，流经蕲水县，其岸多有兰花，故名。

④ 兰芽：兰草的嫩枝。

⑤ 萧萧：拟声词，形容雨声。

⑥ 子规：鸟名，又称杜鹃。

⑦ 门前流水尚能西：我国江河多自西向东流，兰溪西流，作者由此联想到人生可以“再少”。

⑧ 黄鸡：与“白发”都是比喻世事匆匆，光景催年。

赏析

本词上片写景。“山下”与“松间”二句清爽明净，展示出作者愉悦的心情，有“生命回归自然”的意境之美。“萧萧”句略显低沉，其中“暮雨”“子规”是重点景物，隐隐象征暮年衰竭之意。下片议论。“谁道”一问接上句“萧萧暮雨子规啼”，一反其低落意态，道出人生可以再少的妙想，全词境界陡然一振。“门前流水尚能西”，由理入事，切入词题，使议论与眼前景相合，进而立地生根。“休将白发唱黄鸡”句道出作者的心愿，果敢自信，劝己劝人：请勿发出哀哀欲尽的悲吟，人生旅途岂不是处处皆春吗？全词乐观的意趣至此达到高潮。

扫码收听朗诵音频

6. 踏莎行

⊙〔宋〕秦观

雾失楼台[①]，月迷津渡[②]，桃源望断无寻处[③]。可堪[④]孤馆闭春寒，杜鹃声里斜阳暮。

驿寄梅花[⑤]，鱼传尺素[⑥]，砌[⑦]成此恨无重数。郴江幸自[⑧]绕郴山，为谁流下潇湘[⑨]去？

---

① 雾失楼台：暮霭沉沉，楼台消失在浓雾中。

② 月迷津渡：月色朦胧，渡口迷失不见。

③ 桃源望断无寻处：拼命寻找也看不见理想的桃花源。桃源，出自陶渊明《桃花源记》，指生活安乐、合乎理想的地方。无寻处，找不到。

④ 可堪：哪堪，怎能忍受。

⑤ 驿寄梅花：《荆州记》载，陆凯寄梅花与友人范晔（yè），并赠诗曰："折梅逢驿使，寄与陇头人。江南无所有，聊赠一枝春。"这里指远方友人赠送礼物。

⑥ 鱼传尺素：古乐府《饮马长城窟行》："客从远方来，遗（wèi）我双鲤鱼。呼儿烹鲤鱼，中有尺素书。"尺素，一尺长的素绢，古人用以书写。后即为书信的代称。此句意谓亲友寄来书信。

⑦ 砌：堆砌，犹言堆叠，动词。

⑧ 幸自：本自，本来是。

⑨ 潇湘：潇水和湘水，是湖南境内的两条河流，合流后称为湘江，又称潇湘。

这首词表现了作者身处逆境、凄楚难言的苦衷。月下迷雾、桃源不见是用虚拟的景物衬托心情的迷惘，暗喻前途的渺茫。“可堪孤馆”二句点出自己的客旅愁思；“寄梅花”“传尺素”用两个典故寄寓自己的无限感慨，诉说自身的不幸和相思。末二句作结，暗示前途的暗淡与赦归的渺茫，慨叹自身的颠沛流离与背井离乡。王国维最喜“可堪孤馆闭春寒，杜鹃声里斜阳暮”二句，认为是一种“有我之境”“以自然之眼观物，以自然之舌言情”。苏轼更喜爱最后两句，并将之书于扇面，足见此词感人之深。这首词的成功之处在于充分运用比兴手法，把情感表达得委婉曲折，含而不露，形成一种凄婉的情调。

扫码收听朗诵音频

7. 醉花阴

⊙〔宋〕李清照

薄雾浓云愁永昼[①]，瑞脑[②]消金兽[③]。佳节又重阳，玉枕纱厨，半夜凉初透。

东篱[④]把酒黄昏后，有暗香[⑤]盈袖[⑥]。莫道不消魂[⑦]，帘卷西风[⑧]，人比黄花瘦。

---

① 永昼：漫长的白天。

② 瑞脑：一种香料，又称龙脑。

③ 消金兽：香炉里香料逐渐燃尽。金兽，兽形的铜制香炉。

④ 东篱：泛指采菊之地或隐居之处。

⑤ 暗香：这里指菊花的幽香。

⑥ 盈袖：满袖。

⑦ 消魂：形容极度忧愁、悲伤。

⑧ 帘卷西风：秋风吹动帘子。西风，秋风。

从章法上看，自首句“薄雾浓云愁永昼”起，到“有暗香盈袖”止，大半篇幅有意用赋的写法，平铺直叙环境、陈设、时节、地点，铺垫充足之后，至结尾方异峰突起，用精彩绝伦的三句，将词作的抒情推向高潮，艺术感染力便格外强大。从手法看，词是抒情词，不是写景词，那大半篇幅的平铺直叙换个角度说，实具婉转含蓄之美，字字写环境、陈设、时节、地点，却字字浸染重阳思亲、茕独寂寥的愁绪，使人益难开怀。平铺直叙与含蓄婉转竟能如此统一，令人叹服。这首词经千载仍脍炙人口，它的艺术魅力是永恒的。

扫码收听朗诵音频

8. 念奴娇·过洞庭[①]

⊙〔宋〕张孝祥

洞庭青草[②]，近中秋、更无一点风色[③]。玉鉴琼田[④]三万顷，着我扁舟一叶[⑤]。素月[⑥]分辉，明河[⑦]共影，表里[⑧]俱澄澈。悠然[⑨]心会，妙处难与君说。

应念岭表[⑩]经年[⑪]，孤光[⑫]自照，肝胆皆冰雪。短发萧疏[⑬]襟袖冷，稳泛沧溟[⑭]空阔。尽挹西江，细斟北斗，万象[⑮]为宾客。扣舷独啸，不知今夕何夕。

---

① 洞庭：洞庭湖，在湖南省北部、长江南岸。

② 青草：青草湖，与洞庭湖南北相连，自古并称。

③ 风色：风势。

④ 玉鉴琼田：形容月下湖面的景色。玉鉴，玉镜。

⑤ 扁舟一叶：小船像一片树叶漂在水上，又小又轻。

⑥ 素月：洁白的月亮。

⑦ 明河：光亮的银河。

⑧ 表里：里外，上下。

⑨ 悠然：闲适的样子。

⑩ 岭表：指岭外，即今广东、广西地区。

⑪ 经年：一年或一年以上。

⑫ 孤光：指月亮。

⑬ 短发萧疏：头发稀少。

⑭ 沧溟：大水弥漫。

⑮ 万象：宇宙之间的万物。

这首《念奴娇·过洞庭》是张孝祥的代表作。宋孝宗乾道二年（1166），作者因受政敌谗害而被免职，他从桂林北归，途经洞庭湖，即景生情，写下这首词。词以生动的笔调，描绘了中秋节前夕洞庭湖雄伟壮阔、晴明澄澈的绚丽画面，抒写了作者光明磊落、冰肝雪胆般纯洁高尚的情操，反映了作者对投降派的蔑视。词人在景中抒情，注入了较多的感情色彩，句句有人，笔笔含情，“情以物动，辞以情发”，达到了内情与外景水乳交融的妙境。词人抒发内心郁积的感情，既不忘“岭表经年”的仕途坎坷，又展开想象的翅膀，把无形的心境化为超越现实的意象。“尽挹西江，细斟北斗，万象为宾客”，正是词人豪迈情怀的自然流露。

父爱深沉

父爱如伞，为我们遮风挡雨；父爱如泉，为我们濯洗心灵；父爱如路，伴我们默默前行。脆弱时，父爱是一面坚固的墙；迷茫时，父爱是一盏长明的灯；焦灼时，父爱是一泓清凉的水；起航时，父爱是一脉扬帆的风；收获时，父爱又是让我们回归沉静的凉露和虫鸣。

本单元选取了一组写父爱的文章，学习时要探究这些文章命题立意、组织材料的方式方法，还要通过反复品味欣赏语言，领悟作者在作品中表达的独特的情感体验和深刻的人生感悟。

1. 酒

⊙贾平凹

我在城里工作后，父亲便没有来过，他从学校退休在家，一直照管着我的小女儿。我的作品从来没有给他寄过，姨前年来，问我是不是写过一个中篇，说父亲听别人说过，曾去县上几个书店、邮局跑了半天去买，但没有买到。

我听了很伤感，以后写了东西，就寄他一份，他每每又寄还给我，上边用笔批了密密麻麻的字。给我的信上说，他很想来一趟，因为小女儿已经满地跑了，害怕离我们太久，将来会生疏的。但是，一年过去了，他却未来，只是每一月寄一张小女儿的照片，叮咛好好写作，说："你正是干事的时候，就努力干吧，农民扬场趁风也要多扬几锨呢！但听说你喝酒厉害，这毛病要不得，我知道这全是我没给你树个好样子，我现在也不喝酒了。”接到信，我十分羞愧，便发誓再也不去喝酒，回信让他和小女儿一定来城里住，好好孝顺他老人家一些日子。

点出父亲“不喝酒”，为后文写“喝酒”的深情作铺垫。

但是，没过多久，我惹出一些事来：我的作品在报刊上引起了争论。争论本是正常的事，复杂的社会上却有了不正常的看法，随即发展到作品之外的一些闹哄哄的什么风声雨声都有。我很苦恼，也更胆怯，像乡下人担了鸡蛋进城，人窝里前防后挡，唯恐被撞翻了担子。茫然中，便觉得不该让父亲来，但是，还未等我再回信，在一个雨天他却抱着孩子搭车来了。

老人显得很瘦，那双曾患过白内障的眼睛，越发比先前滞呆。

一见面，我有点惶恐，他看了看我，就放下小女儿，指着我让叫爸爸。小女儿斜着看我，怯怯地刚走到我面前，突然转身扑到父亲的怀里，父亲就笑了，说：“你瞧瞧，她真生疏了，我能不来吗？”

父亲来的目的只是为了不让“我”和女儿生疏吗？请认真看下文。

父亲住下了，我们睡在西边房子，他

睡在东边房子。小女儿慢慢和我们亲热起来，但夜里却还是要父亲搂着去睡。我叮咛爱人，什么也不要告诉父亲。一下班回来，就笑着和他说话，他也很高兴，总是说着小女儿的可爱，逗着小女儿做好多本事给我们看。一到晚上，家里来人很多，都来谈社会上的风言风语，谈报刊上连续发表批评我的文章，我就关了西边门，让他们小声点，父亲一进来，我们就住了口。可我心里毕竟是乱的，虽然总笑着脸和父亲说话，小女儿有些吵闹了，就忍不住斥责，又常常动手去打屁股。这时候，父亲就过来抱了孩子，说孩子太嫩，怎么能打，越打越会生分，哄着到东边房子去了。我独自坐一会儿，觉得自己不对，又不想给父亲解释，便过去看他们。一推门，父亲在那里悄悄流泪，赶忙装着眼花了，揉了揉，和我说话，我心里愈发难受了。

父子连心。父亲知道“我”内心的“乱”，又不好开口，只是“悄悄流泪”。

从此，我下班回来，父亲就让我和小女儿多玩一玩，说再过一些日子，他和孩子就该回去了。但是，夜里来的人很多，人一来，他就又抱了孩子到东边房子去了。这个星期天，一早起来，父亲就写了一个条子贴在门上——“今日人不在家”，要一家人到郊外的田野里去逛逛。到了田野，他拉着小女儿跑，让叫我们爸爸、妈妈。后来，他说去给孩子买些糖果，就到远远的商店去了。好长的时候，他回来了，腰里鼓囊囊的，先掏出一包糖来，给了小女儿一把，剩下的交给我爱人，让她们到一边去玩。又让我坐下，在怀里掏着，是一瓶酒，还有一包酱羊肉。我很纳闷：父亲早已不喝酒了，又反对我喝酒，现在却怎么买了酒来？他使劲用牙启开了瓶盖，说：“平儿，我们喝些酒吧，我有话要给你说呢。你一直在瞒着我，但我什么都知道了。我原本是不这么快来的，可我听人说你犯错误了，不知道到底是什么情况，怕你没有经过事，才来看看你。报纸上的文章，我前天在街上的报栏里看到了，我觉得那没有多大的事。你太顺利了，不来几次挫折，你不会有大出息呢！当然，没事咱不寻事，出了事但不要怕事，别人怎么说，你心里要有个主见。人生是三节四节过的，哪能一直走平路？搞你们这行事，你才踏上步，你要安心当一生的事儿干了，就不要被

这里为什么要写得这么详细？除了能读出父亲的温暖和安慰之外，是不是还感到了一种力量？

一时的得所迷惑，也不要被一时的失所迷惘。这就是我给你说的，今日喝喝酒，把那些烦闷都解了去吧。来，你喝喝，我也要喝的。”

他先喝了一口，立即脸色通红，皮肉抽搐着，终于咽下了，嘴便张开往外哈着气。那不能喝酒却硬要喝的表情，使我手颤着接不住他递过来的酒瓶，眼泪唰唰地流下来了。

有人说“不能喝酒却硬要喝”应改为“勉强为之”，“眼泪唰唰地流下来了”应改为“泪如雨下”。你认为这样改好吗？为什么？

喝了半瓶酒，然后一家人在田野里尽情地玩着，一直到天黑才回去。父亲又住了几天，他带着小女儿便回乡下去了。但那半瓶酒，我再没有喝，放在书桌上，常常看看它，从此再没有了什么烦闷，也没有从此沉沦下去。

文章结尾又回到“酒”，揭示“酒”对“我”人生的价值和意义。

学习提示

“酒”是本文内容的核心，也是本文展开的线索，父子之间的情感交流围绕着“酒”，徐徐铺展开来。文中几次写到了“酒”？为什么有的地方写得简略，有的地方却写得详细呢？你能否凭借已有的鉴赏经验，对本文的语言特色进行分析评价呢？

2. 父　亲

⊙刘亮程

我们家搬进这个院子的第二年，家里的重活开始逐渐落到我们兄弟几个身上，父亲过早地显出了老相，背稍重点的东西便显得很吃力，嘴里不时嘟囔一句：我都五十岁的人了，还出这么大力气。

“嘟囔”里蕴含着复杂的情绪，你能理解吗？读下去。

他觉得自己早该闲坐到墙根晒太阳了。

母亲却认为他是装的。他看上去那么高大壮实，一只胳膊上的劲，比我们浑身的劲都大得多。一次他发脾气，一只手一拨，老三就飞出去三米。我见他发过两次火，都是对着老三、老四。我和大哥不怎么怕他，时常不听他的话。我们有自己的想法。我们一到这个家，他便把一切权力交给了母亲。家里买什么不买什么，都是母亲说了算。他看上去只是个干

结合某个让你感触较深的词，谈谈你读这句话时的感受。

活的人，和我们一起起早贪黑。每天下地都是他赶车，坐在辕木上，很少挥鞭子。他嫌我们赶不好，只会用鞭子打牛，跑起来平路颠路不分。他试着让我赶过几次车。往前走叫“呔球”。往左拐叫“嗷”。往右拐叫“外”。往后退叫“缩、缩”。我一慌忙就叫反。一次左边有个土疙瘩，应该喊“外”让牛向右拐绕过去。我却喊成“嗷”。牛愣了一下，突然停住，扭头看着我。我一下不好意思，“外、外”了好几声。

我一个人赶车时就没这么紧张。其实根本用不着多操心，牛会自己往好路上走，遇到坑坎会自觉躲过。它知道车轱辘碰到疙瘩陷进坑里都是自己多费劲。

我们在黄沙梁使唤老了三头牛。有一头是黑母牛，我们到这个家时它已不小岁数了，走路肉肉的，没一点脾气。父亲说它八岁了。八岁，跟我同岁，还是个孩子呢。可牛只有十几岁的寿命，活到这个年龄就得考虑卖还是宰。黑母牛给我印象最深的是那副木讷神情。鞭子抽在身上也没反应。抽急了猛走几步，鞭子一停便慢下来，缓缓悠悠地

“木讷”得好可怜！欲说无言，欲哭无泪！

挪着步子。父亲已经适应了这个慢劲。我们不行，老想快点走到地方，担心去晚了柴被人砍光草被人割光。一见飞奔的马车牛车擦身而过，便禁不住抡起鞭子，“呔、呔”叫喊一阵。可是没用，鞭抽在它身上就像抽在地上一样，只腾起一股白土。黑母牛身上纵纵横横地爬满了鞭痕。我们打它时一点都不心疼。似乎我们觉得，它已经不知道疼，再多抽几鞭就像往柴垛上多撂几棵柴一样无所谓了。它干的最重的活就是拉柴火，来回几十公里。遇到上坡和难走的路，我们也会帮着拉，肩上套根绳子，身体前倾着，那时牛会格外用力，我们和牛，就像一对兄弟。实在拉不动时，牛便伸长脖子，晃着头，哞哞地叫几声，那神情就像父亲背一麻袋重东西，边喘着气边埋怨：我都五十岁的人了，还出这么大力气。

把牛和父亲结合起来写有什么作用？

一年后，我才能勉强地叫出父亲。父亲一生气就嘟囔个不停。我们经常惹他生气。他说东，我们说西。有一段时间我们故意和他对着干，他生了气就跟母亲嘟囔，母亲因此也生气。在这个院子里我们有过一段很不愉快的日子。后来我们渐渐长大懂事，父亲也渐渐地老了。

“一片一片”亮起的，只有天空吗？

我一直觉得我不太了解父亲，对这个和我们生活在一起叫他父亲的男人有种难言的陌生。他会说书，讲故事，在那些冬天的长夜里，我们围着他听。母亲在油灯旁纳鞋底。我们围坐在昏暗处，听着那些陌生的故事，感觉很远处的天，一片一片地亮了。我不知道父亲在这个家里过得快乐不快乐，幸福不幸福。他把我们一家人接进这个院子后悔吗？现在他和母亲还有我最小的妹妹和妹夫一起住在沙湾县城。早几年他喜欢抽烟，吃晚饭时喝两盅酒。他从不多喝，再热闹的酒桌上也是喝两盅便早早离开。我去看他时，常带点烟和酒。他打开烟盒，自己叼一根，又递给我一根烟——许多年前他第一次递给我烟时也是这个动作，手臂半屈着，伸一下又缩一下，脸上堆着不自然的笑，我不知所措。现在他已经戒烟，酒也喝得更少了。我不知道该给他带去些什么。每次回去我都在他身边，默默地坐一会儿。依旧没什么要说的话。他偶尔问一句我的生活和工

父亲是想和“我”沟通的啊！可惜，他不会；可悲，“我”也不会。

作，就像许多年前我拉柴回到家，他问一句“牛拴好了吗”？我答一句，又是长时间的沉默。

你是否读懂了“长时间的沉默”背后的感受和思考？

学习提示

在刘亮程眼里、心里，那头牛就是父亲，父亲就是那头牛。从外在形象，到生活习惯，再到性格脾气，也许还有思想品质，父亲活脱脱就是那头牛。

品读细节，体会父亲“牢骚”与“沉默”背后的舐犊之情，想想作者是用什么样的语言不着痕迹地将“牛”与“父亲”融合在一起的。

1. 父子情（节选）

⊙舒　乙

“慈母”这个词讲得通，对“慈父”这种词我老觉着别扭，依我看，上一代中国男人不大能和这个词挂上钩，他们大都严厉有余而慈爱不足。我的父亲，既不是典型意义上的慈父，也不是那种严厉得令孩子见而生畏的人，他是个新旧时代交替之际的人，所以他比较复杂，当然，也是个复杂的父亲。

我童年时代的记忆里真正第一次出现父亲，是在我两岁的时候，在济南齐鲁大学常柏路的房子里。一九八二年我到济南开会时去看过那房子，使我惊奇的是，那楼梯、那客厅竟和我记忆中的完全一模一样，足见，两岁时的记忆已经很可靠了；不过，说起来有点儿泄气，这次记忆中的父亲正在撒尿。母亲带我到便所去撒尿，尿不出，父亲走了进来，做示范，母亲说：“小乙，尿泡泡，爸也尿泡泡，你看，你们俩一样！”于是，我第一次看见了父亲，而且，明白了，我和他一样。

在我两岁零三个月的时候，父亲离开济南南下武汉加入抗战洪流中。再见到父亲时，我已经八岁。见头一面时，我觉得父亲很苍老。他刚割完盲肠，腰直不起来，站在那里两只手一齐压在手杖上。我怯生生地喊他一声“爸”，他抬起一只手臂，摸摸我的头，叫我“小乙”。他已经不是那个在地上爬来爬去的牛了，我也不是可以任意喊他开步走的胖小子了。对他，对我，爷儿俩彼此都是陌生的。我发现，在家里他很严肃，并不和孩子们随便说笑，也没有什么特别亲昵的动作。他当时严重贫血，整天抱怨头昏，但还是天天不离书桌，写《四世同堂》。他很少到重庆去，最高兴的时候是朋友们来北碚看望他，只有这个时候他的话才多，变得非常健谈，而且往往是一张嘴就是一串笑话，逗得大家前仰后合。渐渐地，我把听他说话当成了一种最有吸引力的事，总是静静地在一边旁听，还免不了跟着傻笑。父亲从不赶我走，还常常指着我不无亲切地叫我“傻小子”。他对孩子们的功课和成绩毫无兴趣，一次也没问过，也没辅导过，完全不放在心上，采取了一种绝对超然的放任自流态度。他表示赞同的，在我当时看来，几乎都是和玩儿有关的事情，比如他十分欣赏我对画画有兴趣，对刻图章有兴趣，对收集邮票有兴趣，对唱歌有兴趣，对参加学生会的社会活动有兴趣。他很爱带我去访朋友，坐茶馆，上澡堂子，走在路上，总是他拄着手杖在前面，我紧紧地跟在后面，他从不拉我的手，也不和我说话。我个子矮，跟在他后面，看见的总是他的腿和脚，还有那双磨歪了后跟的旧皮鞋。就这样，跟着他的脚印，我走了两年多，直到他去了美国。

现在，一闭眼，我还能看见那双歪歪的鞋跟。我愿跟着它走到天涯海角，不必担心，不必说话，不必思索，却能知道整个世界。

再见到父亲时，我已经是十五岁的少年了，是个初三学生。他给我由美国带回来的礼物是一盒矿石标本，里面有二十多块可爱的小石头，闪着各种异样的光彩，每一块都有学名，还有简单的说明。听他的朋友说，在国外他很想念自己的三个孩子，可是他从没有给自己的孩子写过信；虽然他倒是常给朋友们的孩子，譬如冰心先生的孩子们写过不少有趣的信。

我奇怪地发现，此时此刻的父亲已经把我当成了一个独立的大人，采取了一种异乎寻常的大人对大人的平等态度。他见到我，不再叫“小乙”，而是称呼“舒乙”，而且伸出手来和我握手，好像彼此是朋友一样。他的手很软，很秀气，手掌很红，握着他伸过来的手，我的心充满了惊奇，顿时感到自己长大了，不再是他的小小的“傻小子”了。高中毕业后，我通过了留学苏联的考试，父亲很高兴。五年里，他三次到苏联去开会，都要专程到列宁格勒去看我。他仍然没有给我写过信，但是常常得意地对朋友们说：儿子是学理工的，学的是由木头里炼酒精！他还把这个写到文章里，说自己的晚年有“可喜的寂寞”，儿子闺女和伙伴们谈话，争论得不亦乐乎，他竟一句话也插不上，因为一点儿也听不懂！

虽然父亲诚心诚意地把我当成大人和朋友对待，还常常和我讨论一些严肃的问题，我反而常常强烈地感觉到，在他的内心里我还是他的小孩子。有一次，我要去东北出差，临行前向他告别，他很关切地问车票带了吗，我说带好了，他说：“拿给我瞧瞧！”直到我由口袋中掏出车票，他才放心了。接着又问：“你带了几根皮带？”我说：“一根。”他说：“不成，要两根！”“干吗要两根？”他说：“万一那根断了呢，非抓瞎不可！来，把我这根也拿上。”父亲问的这两个问题，让我笑了一路。

对我的恋爱婚事，父亲同样采取了超然的态度，表示完全尊重孩子的选择。婚礼的当天，他送给我们一幅亲笔写的大条幅，红纸上八个大字：“勤俭持家，健康是福”，下署“老舍”，这是续矿石标本之后他送给我的第二份礼物，以后，一直挂在我的床前。保存至今，虽然残破不堪，却是我的最珍贵的宝贝。

直到前几年，我由他的文章中才发现，父亲对孩子教育竟有许多独特的见解，生前他并没有对我们直接说过，可是他做了，全做了，做得很漂亮，我终于懂得了他的爱的价值。

父亲死后，我一个人曾在太平湖畔陪伴他度过了一个漆黑的夜晚。我摸了他的脸，拉了他的手，把泪洒在他满是伤痕的身上，我把人间的一点儿热气当作爱回报给他。

我很悲伤，我也很幸运。

一九九九年二月一日

2. 父亲（节选）

⊙陈敬容

太冷啊，冬之夜。

火盆里的火正熊熊地燃着，照红了围坐着的母亲、弟弟和我的脸。我不住地把两手在火上晃来晃去，偶尔偷偷地望一望坐在桌前喝酒的父亲：他的脸，现在虽因几分酒意而带着点红色，不像往日那样冰冷地板着了，但我仍不敢多看，赶快又把眼光收回来，落在双手与炉火上了。

父亲这时也走到炉边来，恰好坐在我和兹的中间。我们都不期然而然地向母亲身边挨拢一点。

“冰凡！”

教训来了，我想。

“你们什么时候开学？”

原来是这句话，刚才还听见他问过母亲的，现在怎么又问起我来呢？真奇怪！莫不是叫我下期别上学吧？我又疑惧着，因为我常常有这种危险的啊。不过一面我还是恭恭敬敬地回答了他。

“那么到你们开学的时候，我已经不在家了呢。”

这话引不起我们一点兴趣，谁都不愿作声，于是散失到被炉火照红的空气中去了。一向除了骂人而外从不肯和我们多说话的父亲，今晚特别不同，好像一点寂寞都耐不住似的，又问弟弟：

“式行，你不是喜欢科学家的故事吗？我这回一定给你买一本《科学伟人传》回来，好不好？”

弟弟举起惊喜的眼睛向他望一望，回答了一个“好”字，就又低头默着了。

父亲沉重地叹了一口气，也默不作声。炉火照见他紧锁双眉，眼望着一块块烧红的炭。

早就睡着了的小妹妹忽然在隔壁哭起来，母亲连忙站起，离开了这间温暖的屋子。

看着母亲一走，我和弟弟互相望了一眼，只想趁势也走开去，但刚要站起时又止住了，经验告诉我们，这样走了会被叫转来而且大骂一顿的，不如趁早别动吧。但是父亲却说了：“过去帮帮你妈妈吧，我看你们也要睡觉了。”

于是我们立刻离开了火炉，离开了四面温暖的空气。跨过门限时我听到一声更长，更沉重的叹息。

母亲正轻轻地唱着，拍着小妹妹哄她睡觉，桌上一盏灯一闪一闪地抖动着；我们一过来，便都很快地走到母亲跟前。

“今晚爸爸很想同你们说话的啊。”

母亲低低地对我们说，声音里带点唏嘘，我没有回答。

“可是说什么呀！”弟弟抢着回答，一面用两手揉着眼皮。

这晚，当人们把一切喧哗都带到梦里去了，我悄悄地坐在灯下读一本什么小说（那是当父亲上街去了，我把零用钱托弟弟替我买的），隔壁有沉重的穿着布底鞋的脚步声在地板上拖来拖去，时而又停了下来，接着听得一声叹息。

窗外淅沥地下着阴寒的小雨，夜之森严充塞着这所古老而宽大的屋子。

1935年9月于北平

关于汉字起源的传说

在我国古代典籍中，记载着不少关于汉字起源的传说。《周易·系辞》认为文字起源于八卦，是由伏羲仰观天象，下视地理，近取诸身，远取诸物，又审辨鸟兽之形迹，创造了文字。到了战国时期，社会上流行一种“仓颉造字”说，据古书记载，仓颉是黄帝的史官，他上观日月星辰，下看山川鸟兽，根据这些形象，创造了文字。除此之外，古籍中还有神农因嘉禾而造“穗书”、黄帝见卿云而作“云书”、少昊氏作“鸾凤书”、高辛氏作“仙人书”、高阳氏作“蝌蚪文”、帝尧作“龟书”等记载。

3. 给傅聪的信（节选）

⊙傅　雷

早预算新年中必可接到你的信，我们都当作等待什么礼物一般地等着。果然昨天早上收到你来信，而且是多少可喜的消息。孩子！要是我们在会场上，一定会禁不住涕泗横流的。世界上最高的最纯洁的欢乐，莫过于欣赏艺术，更莫过于欣赏自己的孩子的手和心传达出来的艺术！其次，我们也因为你替祖国增光而快乐！更因为你能借音乐而使多少人欢笑而快乐！想到你将来一定有更大的成就，没有止境的进步，为更多的人更广大的群众服务，鼓舞他们的心情，抚慰他们的创痛，我们真是心都要跳出来了！能够把不朽的大师的不朽的作品发扬光大，传布到地球上每一个角落去，真是多神圣，多光荣的使命！孩子，你太幸福了，天待你太厚了。我更高兴的更安慰的是：多少过分的谀辞与夸奖，都没有使你丧失自知之明，众人的掌声、拥抱，名流的赞美，都没有减少你对艺术的谦卑！总算我的教育没有白费，你二十年的折磨没有白受！你能坚强（不为胜利冲昏了头脑是坚强的最好的证据），只要你能坚强，我就一辈子放了心！成就的大小、高低，是不在我们掌握之内的，一半靠人力，一半靠天赋，但只要坚强，就不怕失败，不怕挫折，不怕打击——不管是人事上的，生活上的，技术上的，学习上的——打击；从此以后你可以孤军奋斗了。何况事实上有多少良师益友在周围帮助你，扶掖你。还加上古今的名著，时时刻刻给你精神上的养料！孩子，从今以后，你永远不会孤独的了，即使孤独也不怕的了！

赤子之心这句话，我也一直记住的。赤子便是不知道孤独的。赤子孤独了，会创造一个世界，创造许多心灵的朋友！永远保持赤子之心，到老也不会落伍，永远能够与普天下的赤子之心相接相契相抱！你那位朋友说得不错，艺术表现的动人，一定是从心灵的纯洁来的！不是纯洁到像明镜一般，怎能体会到前人的心灵？怎能打动听众的心灵？

…………

音乐院长说你的演奏像流水、像河；更令我想到克利斯朵夫的象征。天舅舅说你小时候常以克利斯朵夫自命；而你的个性居然和罗曼·罗兰的理想有些相像了。河，莱茵，江声浩荡……钟声复起，天已黎明……中国正到了“复旦”的黎明时期，但愿你做中国的——新中国的——钟声，响遍世界，响遍每个人的心！滔滔不竭的流水，流到每个人的心坎里去，把大家都带着，跟你一块到无边无岸的音响的海洋中去吧！名闻世界的扬子江与黄河，比莱茵的气势还要大呢！……黄河之水天上来，奔流到海不复回！……无边落木萧萧下，不尽长江滚滚来！……有这种诗人灵魂的传统的民族，应该有气吞牛斗的表现才对。

一九五五年一月二十六日

书信的由来

我国的书信文化有悠久的历史。早在文字产生之前，古代先人就用结绳、刻符等方式交流。到先秦及秦汉时期，出现了手书、家书、尺牍（在一尺长的木牍上写的书信）、手札、信函等，但这种手书、家书，一开始也有用生绢书写的。纸发明以后，人们就逐渐用纸代替生绢写信了。在古代，“书”和“信”是有区别的。“书”，指信件；“信”，指信使，即传达信件的人。直到明清时期，“书”才正式被称为“信”。

4. 谈《背影》

⊙叶圣陶

这篇文章把父亲的背影作为主脑。父亲的背影原是作者常常看见的，现在写的却是使作者非常感动的那一个背影。那么，在什么时候、什么地方看见那一个背影，当然非交代明白不可。这篇文章先要叙明父亲和作者同到南京，父亲亲自送作者到火车上，就是为此。

有一层可以注意：父子两个到了南京，耽搁了一天，第二天渡江上车，也有大半天的时间，难道除了写出来的一些事情以外，再没有旁的事情吗？那一定有的，被朋友约去游逛不就是事情吗？然而只用一句话带过，并不把游逛的详细情形写出来，又是什么缘故？缘故很容易明白：游逛的事情和父亲的背影没有关系，所以不用写，凡是和父亲的背影没有关系的事情都不用写，凡是写出来的事情都和父亲的背影有关系。

这篇文章叙述看见父亲的背影，非常感动，计有两回：一回在父亲去买橘子，爬上那边月台的时候；一回在父亲下车走去，混入来往的人群里头的时候。前一回把父亲的背影描写得很仔细：他身上穿什么衣服，他怎样走到铁道边，穿过铁道，怎样爬上那边月台，都依照当时眼见的写出来。在眼见这个背影的当儿，作者一定想到父亲不肯让自己去买橘子，仍旧是把自己当小孩子看待，这和以前的不放心让茶房送，定要他亲自来送，以及他的忙着照看行李，和脚夫讲价钱，嘱托车上的茶房好好照应他的儿子等等行为是一贯的。作者又一定想到父亲为着爱惜儿子，情愿在铁道两边爬上爬下，做一种几乎不能胜任的工作，这中间含蓄着一段多么感人的爱惜儿子的深情！以上这些意思当然可以写在文章里头，但是不写也一样，读者看了前面的叙述，看了对背影的描写，已经能够领会到这些意思了。说话要没有多余的话，作文要没有多余的文句。既然读者自能领会到，那么明白写下反而是多余的了，所以不写，只写了“我的泪很快地流下来了”。后一回提到父亲的背影并不描写，只说“他的背影混入来来往往的人里，再找不着了”。这一个消失在人群里头的背影是爱惜他的儿子无微不至的，是再三叮咛舍不得和他的儿子分别的，但是现在不得不“混入来来往往的人里”去了。做儿子的想到这里，自然起一种莫名其妙的心绪，也说不清是悲酸还是惆怅。和前面所说的理由相同，这些意思也是读者能够领会到的，所以不写，只写了“我的眼泪又来了”。

到这里，全篇的主旨可以明白了。读一篇文章，如果不明白它的主旨，而只知道一些零零碎碎的事情，那就等于白读。这篇文章的主旨是什么呢？就是把父亲的背影作为叙述的主脑，从其间传出父亲爱惜儿子的一股深情。

名家谈《背影》

其中《背影》一篇，论行数不满五十行，论字数不过千五百言，它之所以能够历久传诵而有感人至深的力量者，当然并不是凭借了什么宏伟的结构和华赡的文字，而只是凭了它的老实，凭了其中所表达的真情。这种表面上看起来简单朴素，而实际上却能发生极大的感动力的文章，最可以作为朱先生的代表作品，因为这样的作品，也正好代表了作者之为人。

——李广田《最完整的人格》

这篇文章通体干净，没有多余的话，也没有多余的字眼，即使一个“的”字，一个“了”字，也是必须用才用。

——叶圣陶《文章例话》

单元学习任务

任务一

每一位父亲都爱自己的孩子，但他们表达情感的能力和方式不同。请根据范例，填写下表：

篇名	表达情感的方式
酒	能够在适当时机、用恰当的方式给孩子以安慰和力量。
父亲	经常嘟囔，爱孩子却不知怎么做。
父子情（节选）	
父亲（节选）	
给傅聪的信（节选）	

任务二

在《谈〈背影〉》中，叶圣陶先生让我们了解到朱自清先生怎样围绕主旨选材，创作了《背影》这篇经典之作。请根据叶圣陶先生的启发，分析一下《父子情（节选）》《父亲》《父亲（节选）》三篇文章的主旨分别是什么，并说明这三篇文章又是如何围绕主旨选择材料的。

任务三

《背影》中，作者两次写到自己聪明过分的行为，你怎么理解这里的“过分”？读了《父子情（节选）》《父亲》《父亲（节选）》《给傅聪的信（节选）》，再回想那些最难忘的自己与父亲相处的生活片段，你能否以视频弹幕的形式对晚辈的“聪明”和长辈的“迂”发表几条自己的评论？

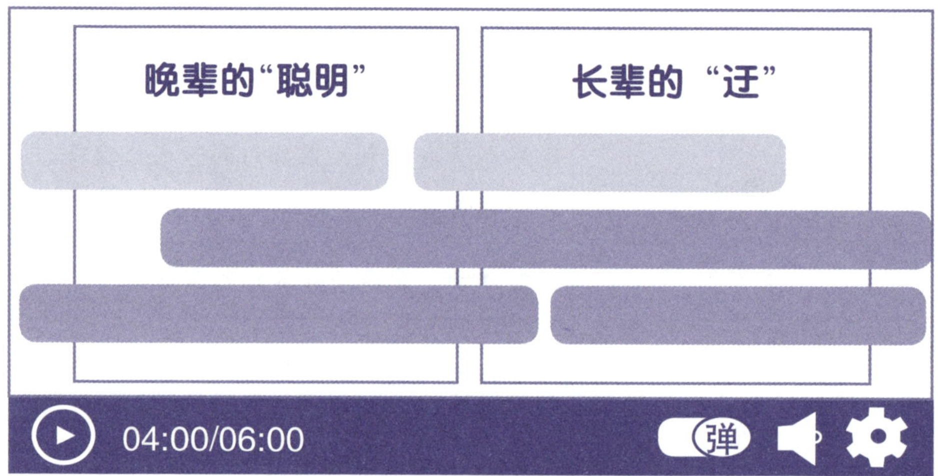

草木有情

一山一水，一花一木，大自然给予人类丰富的馈赠。这馈赠不仅是物质的，更是精神的。人们可以从中得到思想的启迪、情感的滋养。正所谓“一花一世界，一叶一菩提”“一枝一叶总关情”。我们要静下心来，屏蔽尘世的纷扰，擦洗心灵的镜面，仔细观察自然的音容笑貌，认真聆听自然的喜怒哀乐，把自我引领到精神的高地。

阅读本单元文章，要体会作者借助事物形象抒情言志的妙处，深入理解作者所要表达的思想和情感，学习运用象征手法传情达意。

1. 松树的风格

⊙陶　铸

去年冬天，我从英德到连县去，沿途看到松树郁郁苍苍，生气勃勃，傲然屹立。虽是坐在车子上，一棵棵松树一晃而过，但它们那种不畏风霜的姿态却使人油然而生敬意，久久不忘。当时很想把这种感觉写下来，但又不能写成。前两天在虎门和中山大学中文系的师生们座谈时，又谈到这一点，希望青年同志们能和松树一样，成长为具有松树的风格，也就是具有共产主义风格的人。现在把当时的感觉写出来，与大家共勉。

文章开头交代写作的缘起与目的，平铺直叙，如话家常，亲切自然。

我对松树怀有敬佩之心不自今日始。自古以来，多少人就歌颂过它，赞美过它，把它作为崇高的品质的象征。

你看它不管是在悬崖的缝隙间也好，不

管是在贫瘠的土地上也好，只要有一粒种子——这粒种子也不管是你有意种植的，还是随意丢落的，也不管是风吹来的，还是从飞鸟的嘴里跌落的，总之，只要有一粒种子，它就不择地势，不畏严寒酷热，随处茁壮地生长起来了。它既不需要谁来施肥，也不需要谁来灌溉。狂风吹不倒它，洪水淹不没它，严寒冻不死它，干旱旱不坏它。它只是一味地无忧无虑地生长。松树的生命力可谓强矣！松树要求于人的可谓少矣！这是我每看到松树油然而生敬意的原因之一。

读一读，认真体会排比句的作用，体会关联词语的作用。这一段重在写松树的具体形象还是精神风貌？为什么？

我对松树怀有敬意的更重要的原因却是它那种自我牺牲的精神。你看，松树的干是用途极广的木材，并且是很好的造纸原料；松树的叶子可以提制挥发油；松树的脂液可以制松香、松节油，是很重要的工业原料；松树的根和枝又是很好的燃料。更不用说在夏天，它用自己的枝叶挡住炎炎烈日，叫人们在如盖的绿荫下休憩；在黑夜，它可以劈成碎片做成火把，照亮人们前进的路。总之一句话，为了人类，它的确是做到了“粉身碎骨”的地步了。

要求于人的甚少，给予人的甚多，这就是松树的风格。

鲁迅先生说的“我吃的是草，挤出来的是牛奶，血”，也正是松树的风格的写照。

自然，松树的风格中还包含着乐观主义的精神。你看它无论在严寒霜雪中和盛夏烈日中，总是精神奕奕，从来都不知道什么叫作忧郁和畏惧。

我常想：杨柳婀娜多姿，可谓妩媚极了，桃李绚烂多彩，可谓鲜艳极了，但它们只是给人一种外表好看的印象，不能给人以力量。松树却不同，它可能不如杨柳与桃李那么好看，但它却给人以启发，以深思和勇气，尤其是想到它那种崇高的风格的时候，不由人不油然而生敬意。

“看到—想到—联想到”，由树的形象到树的精神，再到人的精神，这就是“象征”。

我每次看到松树，想到它那种崇高的风格的时候，就联想到共产主义风格。

我想：所谓共产主义风格，应该就是要求于人的甚少，而给予人的却甚多的风格；所谓共产主义风格，应该就是为了人民的利益和事业不畏任何牺牲的风格。

每一个具有共产主义风格的人，都应该

像松树一样，不管在怎样恶劣的环境下，都能茁壮地生长，顽强地工作，永不被困难吓倒，永不屈服于恶劣环境。每一个具有共产主义风格的人，都应该具有松树那样的崇高品质，人民需要我们做什么，我们就去做什么，只要是为了人民的利益，粉身碎骨，赴汤蹈火，也在所不惜；而且毫无怨言，永远浑身洋溢着革命的乐观主义的精神。

具有这种共产主义风格的人是很多的。在革命艰苦的年代里，在白色恐怖的日子里，多少人不管环境的恶劣和情况的险恶，为了人民的幸福，他们忍受了多少的艰难困苦，做了多少有意义的工作啊！他们贡献出所有的精力，甚至最宝贵的生命。就是在他们临牺牲的一刹那间，他们想的不是自己，而是人民和祖国甚至全世界的将来。然而，他们要求于人的是什么呢？什么也没有。这不由得使我们想起松树的崇高的风格！

你能举出革命年代里具有这种风格的英雄人物的例子吗？

目前，在社会主义革命和社会主义建设的日子里，多少人不顾个人的得失，不顾个人的辛劳，夜以继日，废寝忘食，为加速我们的革命和建设而不知疲倦地苦干着。在他请你再举几个社会主义建设时期英雄人物的例子。

们的意念中，一切都是为了把社会主义革命进行到底，为了迅速改变我国“一穷二白”的面貌，为了使人民的生活过得更好。这又不由得使我们想起松树的崇高的风格！

结尾三段，从革命时期到建设时期，再到未来，层层递进，给人希望，给人鼓舞。

具有这种风格的人是越来越多了。这样的人越多，我们的革命和建设也就会越快。我希望每个人都能像松树一样具有坚强的意志和崇高的品质；我希望每个人都成为具有共产主义风格的人。

1959年1月中旬于虎门

学习提示

什么是共产主义风格？你也许觉得很抽象，但作者却能从松树身上纵向挖掘出来，横向拓展出来，而且生动形象地表达出来。

读这篇文章要认真体会“物”与“人”之间的关系，找出两者的相同点或相通点。精彩片段和精练语句要反复读，读出感情，读出力量。

2. 百年震柳

⊙梁　衡

地震能摧毁一座山，却不能折断一株柳。

约在百年前，1920年12月16日晚8时，在宁夏海原县发生了一场全球最大的地震，震级8.5，烈度12，死28万人，震波绕地球两圈，余震三年不绝，史称环球大地震。这远远大于后来我国1976年的唐山大地震和2008年的汶川大地震。虽已过去近百年，海原大地震仍然是全球地震界说不完的话题。

开篇点题，撼人心魄，紧接着宕开一笔，用五大段文字描写地震之后的惨烈场面，这样的写法似曾相识吧？你在哪篇文章中见过？这样写有什么好处？

1920年的中国，民国初立，军阀混战，天下大乱。贫穷落后的西北忽又遭此奇祸。是年秋，海原的小气候突然变好。田野丰收，谷物满仓，梨子硕大无比，直把枝条压得喘不过气来。而树上秋果未落，春花又开，灿若白雪。当人们正惊异于天降祥瑞之时，进到12月

细品作者描写“天降祥瑞”的语句，你是否读出了“不祥之兆”？

却怪象频频，群狼夜嚎，畜不归圈。平日里温顺服帖的家狗瞪眼、炸毛，疯狂地咬人。天边黑烟滚滚，地心雷声隐隐。深夜里山民静卧窑洞，望见远山红光罩顶，又闻炕下的土层深处，有如撕布裂木之声，令人毛骨悚然，惊为魔鬼作祟。

山也走，湖也走，地震对自然的破坏如此之大！

到16日晚8时，忽风暴大起，四野尘霾，大地开始颤动，如有巨怪在土下钻行。霎时山移，地裂，河断，城陷。黄土高原经这一抖，如骨牌倒地，土块横飞。老百姓惊呼："山走了！"有整座山滑行三四公里者，最大滑坡面积竟毗连三县，达2000平方公里。山一倒就瞬间塞河成湖，形成无数的大小"海子"。地震中心原有一大盐湖，为西北重要之产盐地。湖底突然鼓起一道滚动的陡坎，如有人在湖下推行，竟滴水不漏地将整个湖面向北移了一公里，被称为"滚湖"。至于道路断裂、田埂错位、村庄塌陷等，随处可见。所有的地标都被扭曲翻腾得面目全非。

这些被破坏的还都是些非生命之物，而受灾最重的是人，有生命的人。当地百姓一向生活苦寒，平日居住全靠依山挖洞为窑。这种既无梁木支撑，又无砖石为基的土窑，大地轻轻一抖就轰然垮塌，整村、整寨、一沟、一坡的人，瞬间就被深埋黄土之中，如意大利庞贝古城之灾。水灾之患，还可见尸；火灾之患，还可寻骨；而地震之灾人影全无。所谓"死者伏尸于黄土之中，无骨可葬；生者蛉居于露天之下，无家可归"。震中的海原县有人口十二三万，粗略统计就死了七万余人。有一户人家正在为过世老人做周年祭，请来亲朋30多人，全数被捂在土中。震后常有孑遗者指某处说："这里埋我全家。"整个震区在多少年后才大略统计得死亡人数约28万人。至今，这仍是全球史上死亡人数最多之天灾。当时的甘肃省省长给大总统徐世昌的十万火急电报说："人心惶恐，几如世界末日将至，所遗灾民，无衣，无食，无住，游离惨状目不忍见，耳不忍闻"。但北洋政府也只是以大总统的名义，捐一万大洋了事。

体会一下：震后惨状带给你什么样的视觉冲击与心理震撼？

海原大地震实是因地球的印度洋板块与太平洋板块相互挤压所致，与近年来的汶川大地震同出一因。在这条地震带上有两个巨人一直在扛着膀子，艰难地较劲。这种相持，大约千年就会打破一次平衡，两身相错，大地轻轻一抖。有案可查，1982年国家地震局曾在当地开深槽验土，探得6000年来，在海原地区这两个板块就有6次因较劲失手而引发地震。第一、二次大约在5000年前，第三次在2600年前，第四次在1900多年前，第五次在1000年前，第六次即海原大地震，在100年前。不要小看两个板块轻轻一擦，世界会因此几死几活，如同末日降临。

远的没有记载，就说百年前的这一次，大地瞬间裂开一条237公里长的大缝，横贯甘肃、陕西、宁夏。裂缝如闪电过野，利刃破竹，见山裂山，见水断水，将城池村庄一劈两半，庄禾田畴撕为碎片。当这条闪电穿过海原县的一条山谷时，谷中正有一片旺盛的柳树，它照样噼噼啪啪，一路撕了下去。但是没有想到，这些柔枝弱柳，虽被摇得东倒西歪，断枝拔根，却没有气绝身死。狂震之后，有一棵虽被撕为两半，但又挺起身子，顽强地活了下来，至今仍屹立在空谷之中。

生命是无法被撕裂的！

为了寻找这棵树，我从北京飞到银川，又坐汽车颠簸了4个多小时，终于在一个深山沟里找到了它。这条沟名哨马营，一听这个名字，就知道是古代的屯兵之所。宋夏时，这里是两国的边界。明代时，因沟里有水，士兵在这里饮马，又栽了许多柳树供拴马藏兵。后几经更迭，这里成了一个小山庄，住着5户人家，过着被外界遗忘的桃源生活。我们从县城出发，车子在大山的肚子里翻上翻下，左拐右折，沿途几乎没有看到人家，偶有几座扶贫搬迁后留下的废院子，散落在梁峁沟坎之中。坡上大多是退耕后的林地，树苗很小还遮不住黄土。可想百年之前，这里更是怎样的荒凉寂寞。正当我心头一片落寞之时，身下的沟里闪出一团翠绿，车头一拐，驶入谷底。行到路尽之处，眼前的一棵大柳树挡住了去路，原来这条路就是专为它修的，这就是那棵有名的震柳。

震柳召唤着人们，人们向往着震柳。

它身高膀阔，蹲在那里足有一座小楼那么大。枝叶茂盛繁密，纵横交错，遮住了半道山沟。难怪我们在山顶上时就看见这里有一团绿云。沟的尽头依稀还有几棵古柳，脚下有一股清泉静静地淌过，湿润着这道沟。几头黄牛正低头吃草，看见来人，好奇地摆动尾巴，瞪大眼睛。这真是一个世外桃源。欲问百年事，深山访古柳。但我不知道这株柳，该称它是一棵还两棵。它同根，同干，同样的树纹，头上还枝叶连理。但地震已经将它从下一撕为二，现两半树中间可穿行一人。而每一半，也都有合抱之粗了。人老看脸，树老看皮。经过百年岁月的煎熬，这树皮已如老人的皮肤，粗糙，多皱，青筋暴突。纹路之宽可容进一指，东奔西突，似去又回，一如黄土高原上的千沟万壑。这棵树已经有500年，就是说地震之时它已是400岁的高龄，而大难后至今又过了100岁。

看过树皮，再看树干的开裂部分，真让你心惊肉跳。平常，一根木头的断开是用锯子来锯，无论横、竖、斜，从哪个方向切入，那剖面上的年轮图案都幻化无穷，美不胜收。以至于木纹装饰成了我们生活中不可或缺的风景，木纹之美也成了生命之美的象征。但是现在，面对树心我找不到一丝的年轮。如同五马分尸，地裂闪过，先是将树的老根嘎嘎嘣嘣地扯断，又从下往上扭裂、撕剥树皮，然后再将树心的木质部分撕肝裂肺，横扯竖揪，惨不忍

将柳树的惨状写得触目惊心，作者想表达什么？

睹。正如鲁迅所说，悲剧就是将人生有价值的东西撕裂给人看。你看，这一棵曾在明代拴过战马，清代为商旅送行，民国时相伴农夫耕作的德高望重的古柳，瞬间就被撕得纷纷扬扬，枝断叶残。天灾无情，世界末日。

鲁迅说得真好！品味一下，好在哪儿？

但是这棵树并没有死。地震揪断了它的根，却拔不尽它的须；撕裂了它的躯干，却扯不断它的连理枝。灾难过后，它又慢慢地挺了过来。百年来，在这人迹罕至的桃源深处，阳光暖暖地抚慰着它的身子，细雨轻轻地冲洗着它的伤口，它自身分泌着汁液，小心地自疗自养，生骨长肉。百年的疤痕，早已演化成许多起伏不平的条、块、洞、沟、瘤，像一块凝固的岩石，为我们定格了一个难忘的岁月。我稍一闭目，还能听到雷鸣电闪，山摇地动。

欣赏震柳自我疗愈的从容，回想先前惨不忍睹的情状，你是否领悟到作者的匠心所在？

柳树这个树种很怪。论性格，它是偏于柔弱一面的，枝条柔韧，婀娜多姿，多生水边。所以柳树常被人做了多情的象征。唐人有折柳相送的习俗，取其情如柳丝，依依不舍。贺知章把柳比作窈窕的美人：“碧玉妆成一树高，万条垂下绿丝绦。不知细叶谁裁出，二月春风似剪刀。”但在关键时刻，这个弱女子却能以柔克刚，表现出特别的顽强。西北的气候寒冷干旱，是足够恶劣的了，它却能长年扎根于此。在北国的黄土地上，柳树是春天发芽最早，秋天落叶最迟的树，它尽力给大地最多的绿色。当年左宗棠进军西北，别的树不要，却单选中这弱柳与大军同行。“新栽杨柳三千里，引得春风度玉关。”柳树有一种特殊的本领，遇土即根，有水就长，干旱时就休息，苦熬着等待天雨，但绝不会轻生去死。它的根系特别发达，能在地下给自己铺造一个庞大的供水系统，远远地延伸开去，捕捉哪怕一丝丝的水汽。它木性软，常用来做案板，刀剁而不裂；枝性柔，立于行道旁，风吹而不折。它有极强的适应性，适于各种水土、气候，也能适应突如其来的灾难。美哉大柳，在人如女，至坚至柔；伟哉大柳，在地如水，无处不有。唯我大柳，大难不死，百代千秋。

这大柳之“美”、大柳之“伟”会引发你的联想吗？你想到了什么？

我想，那海原大地震，震波绕地球两圈，移山填河，夺去28万人的生命，为什么单单留下这一株裂而不死的古柳？肯定是要对后人说点什么。地震最常见的遗址是倒塌的房屋、错裂的山

作者为何在结尾处提及这些常见的地震遗址？

体和沉默的堰塞湖。但那都是些无生命之物，只能苦着脸向人们展示过去的灾难。而这株灾后之柳却不同，它是一个活着的生命，以过来人的身份向我们宣示，战胜灾难唯有坚守。100年了，它站在这里，敞开胸怀袒露着伤痕；又举起双臂，摇动青枝。它在说，活着多么美好，这个世界上没有什么能够扼杀生命，地球还照样转动。

多读几遍，背下来，牢牢记住！

我出了沟口翻上山头，再回望那株百年震柳，已看不清它那被裂为两半的树身，只见一团浓浓的绿云。100年前，在这里地震撕裂了一棵树；100年后，这棵树化作一团绿色的云，缝合了地缝，抚平了地球的伤口。我知道县里已经建了地震博物馆，有文字，有图片，但是最生动的，莫如就在这里建一座“震柳人文森林公园”，再种它一沟的新柳。震柳不倒，精神绵长，塞上江南，绿风浩荡。这不只是一幅风景的画图，更是一座活着的博物馆，一本历史教科书。

2016年7月

（有删改）

开笔点题，“摧毁”山的地震却不能“折断”一株柳！柳的生命力顿时跃然纸上。随后，叙述柳的生命力与地震的摧毁力抗衡的过程：柳在血肉的撕扯中挺起了身躯，而今蓬勃旺盛！

阅读本文，不仅要反复品味那些细致描绘柳树的语句，还要用心体会烘托、抑扬、对比、象征等手法的巧妙运用赋予文章的丰厚内蕴和撼动人心的力量。

汉字的演变

我国的汉字历史悠久。在3000多年前，我国就出现了“甲骨文”，比甲骨文更早的，还有一种陶文。从陶文、甲骨文到现在的汉字，共经历了三个阶段的变化：第一阶段是图形化，如陶文、甲骨文。第二阶段是线条化。它比图形简单、统一，汉字笔画都成为线条。这种线条化的汉字叫大篆。秦统一中国后，将文字统一为小篆。第三阶段是笔画化。这时汉字成为用不同笔画构成的字。汉朝已出现隶书，后来又出现楷书、草书和行书，汉字的演变越来越成熟。

1. 香山红叶

⊙杨 朔

早听说香山红叶是北京最浓最浓的秋色，能去看看，自然乐意。我去的那日，天也作美，明净高爽，好得不能再好了。人也凑巧，居然找到一位刘四大爷做向导。刘四大爷就住在西山脚下，早年做过四十年向导，于今已经七十七岁，还是腰板挺直，硬朗得很。

我们先邀刘四大爷到一家乡村小饭馆里吃饭。几盘野菜，半杯麦酒，老人家的话来了，慢言慢语说："香山这地方也没别的好处，就是高，一进山门，门槛跟玉泉山顶一样平。地势一高，气也清爽，人才爱来。春天人来踏青，夏天来消夏，到秋天——"一位同游的朋友急着问："不知山上的红叶红了没有？"

刘四大爷说："还不是正时候。南面一带向阳，也该先有红的了。"

于是用完酒饭，我们请刘四大爷领我们顺着南坡上山。好清静的去处啊。沿着石砌的山路，两旁满是古松古柏，遮天蔽日的，听说三伏天走在树荫里，也不见汗。

刘四大爷交叠着两手搭在肚皮上，不紧不慢走在前面，总是那么慢言慢语说："原先这地方什么也没有，后面是一片荒山，只有一家财主雇了个做活的给他种地、养猪。猪食倒在一个破石槽里，可是倒进去一点食，猪怎么吃也吃不完。那做活的觉得有点怪，放进石槽里几个铜钱，钱也拿不完，就知道这是个聚宝盆了。到算工账的时候，做活的什么也不要，单要这个槽。一个破石槽能值几个钱？财主乐得送个人情，就给了他。石槽太重，做活的扛到山里，就扛不动了，便挖个坑埋好，怕忘了地点，又拿一棵松树和一棵柏树插在上面做记号，自己回家去找人帮着抬。谁知返回一看，满山都是松柏树，数也数不清。"谈到这儿，老人又慨叹说："这真是座活山啊。有山就有水，有水就有脉，有脉就有苗。难怪人家说下面埋着聚宝盆。"

这当儿刘四大爷早带我们走进一座挺幽雅的院子，里边有两眼泉水，石壁上刻着"双清"两个字。老人围着泉水转了转说："我有十年不上山了，怎么有块碑不见了？我记得碑上刻的是'梦赶泉'。"接着又告诉我们一个故事，说是元朝有个皇帝来游山，倦了，睡在这儿梦见身子坐在船上，脚下翻着波浪，醒来叫人一挖脚下，果然冒出股泉水，这就是"梦赶泉"的来历。

刘四大爷又笑笑说："这都是些乡村野话，我怎么听来的，怎么说，你们也不必信。"

听着这白胡子老人絮絮叨叨谈些离奇的传说，你会觉得香山更富有迷人的神话色彩。我们不会那么煞风景，偏要说不信。只是一路上山，怎么连一片红叶也看不见？

我们上了半山亭，朝东一望，真是一片好景。莽莽苍苍的河北大平原就摆在眼前，烟树深处，正藏着我们的北京城。也妙，本来也算有点气魄的昆明湖，看起来只像一盆清水。万寿山、佛香阁，不过是些点缀的盆景。我们都忘了看红叶。红叶就在高头山坡上，满眼都是，半黄半红的，倒还有意思。可惜叶子伤了水，红得又不透。要是红透了，太阳一照，那颜色该有多浓。

我望着红叶，问："这是什么树？怎么不大像枫叶？"

刘四大爷说："本来不是枫叶嘛。这叫红树。"就指着路边的树，说："你看看，就是那种树。"

路边的红树叶子还没红，所以我们都没注意。我走过去摘下一片，叶子是圆的，只有叶脉上微微透出点红意。

我不觉叫："哎呀！还香呢。"把叶子送到鼻子上闻了闻，那叶子发出一股轻微的药香。

另一位同伴也嗅了嗅，叫："哎呀！是香。怪不得叫香山。"

刘四大爷也慢慢说："真是香呢。我怎么做了四十年向导，早先就没闻见过？"

我的老大爷，我不十分清楚你过去的身世，但是从你脸上密密的纹路里，猜得出你是个久经风霜的人。你的心过去是苦的，你怎么能闻到红叶的香味？我也不十分清楚你今天的生活，可是你看，这么大年纪的一个老人，爬起山来不急，也不喘，好像不快，我们可总是落在后边，跟不上。有这样轻松脚步的老年人，心情也该是轻松的，还能不闻见红叶香？

刘四大爷就在满山的红叶香里，领着我们看了“森玉笏”、“西山晴雪”和昭庙，还有别的香山风景。下山的时候，将近黄昏。一仰脸望见东边天上现出半轮上弦的白月亮，一位同伴忽然记起来，说：“今天是不是重阳？”一翻身边带的报纸，原来是重阳的第二日。我们这一次秋游，倒应了重九登高的旧俗。也有人觉得没看见一片好红叶，未免美中不足。我却摘到一片更可贵的红叶，藏到我心里去。这不是一般的红叶，这是一片曾在人生中经过风吹雨打的红叶，越到老秋，越红得可爱。不用说，我指的是刘四大爷。

2. 后花园（节选）

⊙萧　红

后花园五月里就开花的，六月里就结果子，黄瓜、茄子、玉蜀黍、大芸豆、冬瓜、西瓜、西红柿，还有爬着蔓子的倭瓜。这倭瓜秧往往会爬到墙头上去，而后从墙头它出去了，出到院子外边去了。就向着大街，这倭瓜蔓上开了一朵大黄花。

正临着这热闹闹的后花园，有一座冷清清的黑洞洞的磨坊，磨坊的后窗子就向着花园。刚巧沿着窗外的一排种的是黄瓜。这黄瓜虽然不是倭瓜，但同样会爬蔓子的，于是就在磨坊的窗棂上开了花，而且巧妙的结了果子。

在朝露里，那样嫩弱的须蔓的梢头，好像淡绿色的玻璃抽成的，不敢去触，一触非断不可的样子。同时一边结着果子，一边攀着窗棂往高处伸张，好像它们彼此学着样，一个跟一个都爬上窗子来了。到六月，窗子就被封满了，而且就在窗棂上挂着滴滴嘟嘟的大黄瓜、小黄瓜，瘦黄瓜、胖黄瓜，还有最小的小黄瓜纽儿，头顶上还正在顶着一朵黄花还没有落呢。

于是随着磨坊里打着铜筛罗的震抖，而这些黄瓜也就在窗子上摇摆起来了。铜罗在磨夫的脚下，东踏一下它就“咚”，西踏一下它就“咚”；这些黄瓜也就在窗子上滴滴嘟嘟地跟着东边“咚”，西边“咚”。

六月里，后花园更热闹起来了，蝴蝶飞，蜻蜓飞，螳螂跳，蚂蚱跳。大红的外国柿子都红了，茄子青的青、紫的紫，溜明湛亮，又肥又胖，每一棵茄秧上结着三四个、四五个。玉蜀黍的缨子刚刚才茁芽，就各色不同，好比女人绣花的丝线夹子打开了，红的绿的，深的浅的，干净得过分了，简直不知道它为什么那样干净，不知怎样它才那样干净的，不知怎样才做到那样的，或者说它是刚刚用水洗过，或者说它是用膏油涂过。但是又都不像，那简直是干净得连手都没有上过。

然而这样漂亮的缨子并不发出什么香气，所以蜂子、蝴蝶永久不在它上边搔一搔，或是吮一吮。

却是那些蝴蝶乱纷纷的在那些正开着的花上闹着。

后花园沿着主人住房的一方面，种着一大片花草。因为这园主并非怎样精细的人，而是一位厚墩墩的老头。所以他的花园多半变成菜园了。其余种花的部分，也没有什么好花，比如马蛇菜、爬山虎、胭粉豆、小龙豆……这都是些草本植物，没有什么高贵的。到冬天就都埋在大雪里边，它们就都死去了。春天打扫干净了这个地盘，再重种起来。有的甚或不用下种，它就自己出来了，好比大菽茨，那就是每年也不用种，它就自己出来的。

它自己的种子，今年落在地上没有人去拾它，明年它就出来了；明年落了籽，又没有人去采它，它就又自己出来了。

这样年年代代，这花园无处不长着大花。墙根上，花架边，人行道的两旁，有的竟长在倭瓜或者黄瓜一块去了。那讨厌的倭瓜的丝蔓竟缠绕在它的身上，缠得多了，把它拉倒了。

可是它就倒在地上仍旧开着花。

铲地的人一遇到它，总是把它拔了，可是越拔它越生得快，那第一班开过的花籽落下，落在地上，不久它就生出新的来。所以铲也铲不尽，拔也拔不尽，简直成了一种讨厌的东西了。还有那些被倭瓜缠住了的，若想拔它，把倭瓜也拔掉了，所以只得让它横躺竖卧的在地上，也不能不开花。

长得非常之高，五六尺高，和玉蜀黍差不多一般高，比人还高了一点，红辣辣地开满了一片。

人们并不把它当作花看待，要折就折，要断就断，要连根拔也都随便。到这园子里来玩的孩子随便折了一堆去，女人折了插满了一头。

这花园从园主一直到来游园的人，没有一个人是爱护这花的。这些花从来不浇水，任着风吹，任着太阳晒，可是却越开越红，越开越旺盛，把园子炫耀得闪眼，把六月夸奖得和水滚着那么热。

胭粉豆、金荷叶、马蛇菜都开得像火一般。

其中尤其是马蛇菜，红得鲜明晃眼，红得它自己随时要破裂流下红色汁液来。

从磨坊看这园子，这园子更不知鲜明了多少倍，简直是金属的了，简直像在火里边烧着那么热烈。

甲骨文的发现

甲骨文是殷商时代的文字，是中国文字的先祖。甲指龟甲，骨指兽骨。因这种文字刻写在龟甲或兽骨上，所以叫甲骨文。1899年，河南农民在翻地时发现一些甲骨，把它当药材卖给了药店，药店则把它作为“龙骨”配方治病。同年，清朝国子监祭酒王懿荣因病去一家药铺买药，大夫给他开的药方中就有这么一味“龙骨”，他发现“龙骨”上刻着一些细密的符号，兴趣大增，以高价买回了一些“龙骨”。王懿荣潜心研究后，判定为商代文字，即甲骨文。

3. 老海棠树

⊙史铁生

如果可能，如果有一块空地，不论窗前屋后，要是能随我的心愿种点什么，我就种两棵树：一棵合欢，纪念母亲；一棵海棠，纪念我的奶奶。

奶奶，和一棵老海棠树，在我的记忆里不能分开；好像她们从来就在一起。

老海棠树有两条粗壮的枝丫，弯曲如一把躺椅，小时候我常爬上去，一天一天地就在那儿玩。奶奶在树下喊："下来，下来吧，你就这么一天到晚待在上头不下来了？"是的，我在那儿看小人书，用弹弓向四处射击，甚至在那儿写作业。"饭也在上头吃吗？"对，在上头吃。奶奶把盛好的饭菜举过头顶，我两腿攀紧树丫，一个海底捞月把碗筷接上来。"觉呢，也在上头睡？"没错。四周是花香，是蜂鸣，春风拂面，是沾衣不染海棠的花雨。奶奶站在地上，站在屋前，站在老海棠树下，望着我……

春天，老海棠树摇动满树繁花，摇落一地雪似的花瓣。我记得奶奶坐在树下糊纸袋，不时地冲我唠叨：“就不下来帮帮我？你那小手儿糊得多快！”我在树上东一句西一句地唱歌。奶奶又说：“我求过你吗？这回活儿紧！”我说：“我爸我妈根本就不想让您糊那破玩意儿，是您自己非要这么累！”奶奶于是不再吭声，直了直腰，又凝神糊她的纸袋。

或者夏天，老海棠树枝繁叶茂，奶奶坐在树下的浓荫里，又不知从哪儿找来了补花的活儿，戴着老花镜，埋头于床单或被罩，一针一线地缝。天色暗下来时她冲我喊：“你就不能劳驾去洗洗菜？没见我忙不过来吗？”我跳下树，洗菜，胡乱一洗了事。奶奶生气了：“你们上班上学，就是这么糊弄？”奶奶把手里的活儿推开，一边重新洗菜一边说：“我就一辈子得给你们做饭？就不能有我自己的工作？”这回是我不再吭声。

有年秋天，老海棠树照旧果实累累，落叶纷纷。那时我大些了，在外工作，从陕北回来看她，奶奶已经腰弯背驼。早晨，天还昏暗，奶奶就起来去扫院子，“唰啦唰啦”的声音把我惊醒，赶紧跑出去：“您歇着吧，我来，保证用不了三分钟。”可这回奶奶不要我帮：“你刚回来，去歇着吧。”

冬天，窗外，风中，老海棠树枯干的枝条敲打着屋檐，摩擦着窗棂。奶奶常常在灯下学习。她曾经读一本《扫盲识字课本》，再后是一字一句地念报纸上的头版新闻。那一回，奶奶举着一张报纸，小心地凑到我跟前：“这一段，你给我说说，到底什么意思？”我看也不看地就回答：“不知道。再说，您学那玩意儿有用吗？”奶奶立刻不语，唯低头盯着那张报纸，半天半天目光都不移动。我的心一下子收紧，但知已无法弥补。“奶奶。”“奶奶！”“奶奶——”我记得她终于抬起头时，眼里竟无对我的责备。

（有删改）

浅谈金文

金文是指刻凿或铸造在青铜器上的铭文，古代称铜为金，所以叫金文。又由于钟鼎为贵重物品，故把钟鼎作为青铜器的总称，因而金文又称为钟鼎文。青铜器的铭文有凹凸之分，凹下去的阴文称作“款”，凸出来的阳文称为“识”，所以金文又称为“钟鼎款识”。

金文产生于商代，流行于商周至秦汉时期。金文大多是把字写刻在毛坯上，然后进行浇铸，因此线条有粗有细，比较丰满，转折变化丰富。金文字形大小不拘，宽窄各异，结体疏密均匀，虚实错落有致，节奏感强。

4. 井冈翠竹

⊙袁　鹰

井冈山五百里林海里，最使人难忘的是毛竹。

从远处看，郁郁苍苍，重重叠叠，望不到头。到近处看，有的修直挺拔，好似当年山头的岗哨；有的密密麻麻，好似埋伏在深坳里的奇兵；有的看来出世还不久，却也亭亭玉立，别有一番神采。

“井冈山的竹子，是革命的竹子！”井冈山人爱这么自豪地说。

有道是：天下竹子数不清，井冈山竹子头一名。

是的，当年用自己的血汗保卫过第一个红色政权的战士们，谁不记得井冈山上的翠竹呢？用它搭过帐篷，用它做过梭镖，用它当罐盛过水、当碗蒸过饭，用它做过扁担和吹火筒，在黄洋界和八面山上，还用它摆过三十里竹钉阵，使多少敌人魂飞魄散，鬼哭狼嚎。如今，早就不再用竹钉当武器了，然而谁又能把它们忘怀呢？

你看，那边山路上走来了两位老表，一人提着一只竹筒。这是什么？这不是红军的硝盐罐吗？要不，是给山头的红军送饭来了吧？这两只小小的竹筒，能引起老战士们多少回忆！看见它，就想起了竹筒饭的清香，想起了老表们冲过敌人封锁线冒着生命危险送上山来的粮食，想起了山上缺粮的年月，红军每天每顿只能用南瓜充饥，但是同志们仍然意气风发地唱："天天吃南瓜，革命打天下！"

你看那毛竹做的扁担，多么坚韧，多么结实，再重的担子也能挑得起。当年毛委员和朱军长带领队伍下山去挑粮食，不就是用这样的扁担吗？他们肩上挑的，哪里只是粮食？挑的是中国的无产阶级革命！我们的老一辈无产阶级革命家们，正是用井冈山毛竹做的扁担，把这一副关系全中国人民命运的重担，从井冈山出发，走过漫漫长途，一直挑到北京城。

毛委员和朱军长下山去了，红军下山去了，井冈山的毛竹，同井冈山人民一样坚贞不屈。血雨腥风里，毛竹青了又黄，黄了又青，不向残暴低头，不向敌人弯腰。竹叶烧了，还有竹枝；竹枝断了，还有竹鞭；竹鞭砍了，还有深埋在地下的竹根。"野火烧不尽，春风吹又生。"一到春天，漫山遍野，向大地显露着无限生机的，依然是那一望无际的翠竹！

毛竹年年长，为的是向敌人示威：井冈山是压不倒、烧不光的。毛竹年年绿，为的是等待亲人，等待当年用竹筒盛水蒸饭、用竹钉竹枪打敌人的红军，等待自己的英雄子弟。朝也等，暮也等，等了漫长的二十年。二十年过去了，毛竹依旧是那么青翠，那么稠密，井冈山终于换了人间！

为了叫井冈山变得更快，党派来了两千好儿女，同井冈山人民一起来开发这座万宝山。漫天风雪，封住山，阻住路，却摇撼不了人们的意志，扑灭不了人们心头的熊熊烈火。风雪一天比一天大，人们的干劲一天比一天猛，砍下的毛竹一天比一天堆得高，为竹滑道修的架在两座高山之间的竹桥，也在一天比一天往上长。杜鹃花开满山头的时节，英雄们终于唱着凯歌，欢送着亲手砍下的那三十万根毛竹，让它们沿着满山旋绕的滑道，一路欢唱着飞下山去了。

你看，你看，这不是又一批新砍的毛竹滑下山来了吗？这些青翠的竹子，沿着细长的滑道，穿云钻雾，呼啸而来。它们滑下溪水，转入大河，流进赣江，挤上火车，走上迢迢的征途。井冈山的翠竹啊！去吧，去吧，快快地去吧！多少工地，多少工厂矿山，多少高楼大厦，多少城市和农村，都在殷切地等待着你们！快快地去吧，带去井冈山人民的心愿，带去井冈山人民的干劲，也带去井冈山人民的风格吧！

井冈山的翠竹啊，你是革命的竹子！你不仅曾经为革命建立功勋，而且现在和将来仍然为社会主义、共产主义大厦继续献出一切。你永远那么青翠，永远那么挺拔，风吹雨打，从不改色；刀砍火烧，永不低头——这正是英雄的井冈山人，也是亿万中国人民的革命气节和革命精神！

（有删改）

单元学习任务

任务一

象征手法是根据事物之间的某种联系，借助某人某物的具体形象（象征体），以表现某种抽象的概念、思想和情感。写景状物的散文中有不少运用象征手法的典范，比如《白杨礼赞》。本单元文章有哪些也运用了象征手法，作者是如何将事物特征与思想感情融合在一起的？请仿照示例进行梳理。

白杨树 —— 北方农民

物之形 —— 人之神

干：笔直，无旁枝—— 正直

枝：一律向上，靠拢 —— 团结

叶：向上，无斜生倒垂 —— 力争上游

皮：淡青，光滑，银色晕—— 质朴，温和，明朗

姿态：倔强挺立，参天耸立 —— 坚强不屈，伟岸傲然

任务二

在托物言志散文中，作者经常会使用烘托、抑扬、对比等写作技巧为文章增色。请阅读本单元的《香山红叶》《后花园（节选）》《老海棠树》《井冈翠竹》，从中摘录使用了以上写作技巧的语句，咀嚼品味后，对其表达效果进行赏析。

篇名	妙语摘录	写作技巧	表达效果
香山红叶			
后花园（节选）			
老海棠树			
井冈翠竹			

任务三

请从本单元文章中任选一物，如竹子、海棠树、红叶，带着某种情感换个视角仔细观察，与它对话，你一定会发现自己眼中的它与作者眼中的它相比，特点并不相同。然后运用象征的手法写一个片段，借助它最触动你的特征，传达自己的某种情感或对生活的感受、思考。

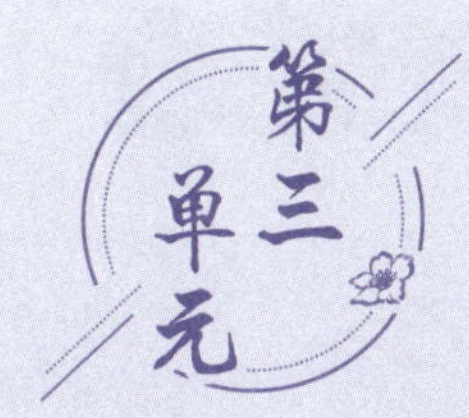

生命礼赞

什么是生命？燃烧的太阳是生命，奔涌的江河是生命，巍峨的大山是生命，辽阔的草原是生命。你就如一个音符，人生就如五线谱的痕迹，穿过它，生命就谱写了完整的乐章。其中有你生命的存在，有你生命的过程，有你生命的平凡，有你生命的意义。生命有时很脆弱，但有时也很顽强，纵使天塌地陷，生命也不会放弃最后一丝希望。生命之树之所以常青，奋斗的力量之所以不竭，就是因为生命还怀着美好的梦想，还拥有着爱的火种！

阅读本单元文章，体会文中表达的独特的情感体验和深刻的人生感悟，反复揣摩欣赏那些凝练、睿智的语言，感受字里行间渗透的哲思和意蕴。

1. 谈生命

⊙冰　心

我不敢说生命是什么，我只能说生命像什么。

生命像向东流的一江春水，他从最高处发源，冰雪是他的前身。他聚集起许多细流，合成一股有力的洪涛，向下奔注，他曲折地穿过了悬崖峭壁，冲倒了层沙积土，挟卷着滚滚的沙石，快乐勇敢地流走，一路上他享受着他所遭遇的一切。有时候他遇到巉岩前阻，他愤激地奔腾了起来，怒吼着，回旋着，前波后浪地起伏催逼，直到冲倒这危崖，他才心平气和地一泻千里。有时候他经过了细细的平沙，斜阳芳草里，看见了夹岸红艳的桃花，他快乐又羞怯，静静地流着，低低地吟唱着，轻轻地度过这一浪漫的行程。有时候他遇到暴风雨，这激电，这迅雷，使他心魂惊骇，疾风吹卷起他，大雨击打着他，他暂时混浊了，扰乱了，而雨过天晴，只加给他许多新生的力量。有时候，他遇到了晚霞和新月，向他照耀，向他投影，清冷中带些幽幽的温暖；这时他只想休憩，只想睡眠，而那股前进的力量，仍催逼着他向前走……

终于有一天，他远远地望见了大海，呵！他已到了行程的终结，这大海，使他屏息，使他低头，她多么辽阔，多么伟大，多么光明，又多么黑暗！大海庄严地伸出臂儿来接引他，他一声不响地流入她的怀里。他消融了，归化了，说不上快乐，也没有悲哀！也许有一天，他再从海上蓬蓬的雨点中升起，飞向西来，再形成一道江流，再冲倒两旁的石壁，再来寻夹岸的桃花。

然而我不敢说来生，也不敢信来生！

生命又像一棵小树，他从地底聚集起许多生力，在冰雪下欠伸，在早春润湿的泥土中，勇敢快乐地破壳出来。他也许长在平原上，岩石上，城墙上，只要他抬头看见了天。呵！看见了天！他便伸出嫩叶来吸收空气，承受日光，在雨中吟唱，在风中跳舞。他也许受着大树的荫遮，也许受着大树的覆压，而他青春生长的力量，终使他穿枝拂叶地挣脱了出来，在烈日下挺立抬头！他遇着骄奢的春天，他也许开出满树的繁花，蜂蝶围绕着他飘翔喧闹，小鸟在他枝头欣赏唱歌，他会听见黄莺清吟，杜鹃啼血，也许还听见枭鸟的怪鸣。他长到最茂盛的中年，他伸展出他如盖的浓荫，来荫庇树下的幽花芳草，他结出累累的果实，来呈现大地无尽的甜美与芳馨。秋风起了，将他的叶子，由浓绿吹到绯红，秋阳下他再有一番的庄严灿烂，不是开花的骄傲，也不是结果的快乐，而是成功后的宁静和怡悦！终于有一天，冬天的朔风，把他的黄叶干枝，卷落吹抖，他无力地在空中旋舞，在根下呻吟，大地庄严地伸出臂儿来接引他，他一声不响地落在她怀里。他消融了，归化了，他说不上快乐，也没有悲哀！也许有一天，他再从地下的果仁中，破裂了出来，又长成一棵小树，再穿过丛莽的严遮，再来听黄莺的歌唱。

然而我不敢说来生，也不敢信来生。

宇宙是一个大生命，我们是宇宙大气中之一息。江流入海，叶落归根，我们是大生命中之一叶，大生命中之一滴。在宇宙的大生命中，我们是多么卑微，多么渺小，而一滴一叶的活动生长合成了整个宇宙的进化运行。要记住：不是每一道江流都能入海，不流动的便成了死湖；不是每一粒种子都能成树，不生长的便成了空壳！生命中不是永远快乐，也不是永远痛苦，快乐和痛苦是相生相成的。等于水道要经过不同的两岸，树木要经过常变的四时。在快乐中我们要感谢生命，在痛苦中我们也要感谢生命。快乐固然兴奋，苦痛又何尝不美丽？

我曾读到一个警句，是“愿你生命中有够多的云翳，来造成一个美丽的黄昏”。世界、国家和个人的生命中的云翳没有比今天再多的了。

2. 生　命

⊙韩少功

你看出了一条狗的寒冷，给它垫上温暖的棉絮，它躲在棉絮里以后会久久地看着你。它不能说话，只能用这种方式表达它的感激。你看到一只鸟受伤了，将它从猫嘴里夺下来，用药水治疗它的伤口，给它食物，然后将它放飞林中。它飞到树梢上也会回头看你。它同样不能说话，只有用这种方式铭记你的救助。

它们毕竟是低智能动物，也许很快会忘记这一切，将来再见你的时候，它们也许十分陌生，漫不经心，东张西望，甚至只顾追逐它们的食物和快乐，它们不会注意你肩上的木犁或者柴捆；它们不会像很多童话里描述的那样送来珍珠宝石；也不会在你渴毙路途的时候，在你嘴唇上滴下甘露。它们甚至再也不会回头。

但它们长久地凝视过你，好像一心要知道更多关于你的事情，好像希望能尽可能记住你的面容，决心做出动物能力以外的什么事情。

这一刻很快就会过去。但有了这一刻，世界就不再是原来的世界，不再是没有过这一刻的世界。感激和信任的目光消失了，但感激和信任弥散在大山里，群山就有了温暖，有了亲切。某一天，你在大山里行走的时候，大山给你一片树荫；你在一条草木覆盖的暗沟前失足的时候，大山垫给你一块石头或者借给你一根树枝，阻挡你危险地下坠。在那个时候，你就会感触到一条狗或一只鸟的体温，在石头里，在树梢上。

你不再感到孤单的危险，你能感到石块是你的血肉，树梢是你的肢体，而你的一声长啸或大笑其实来自大山那边的谷地。你早应该知道，科学的深入观测已经证明：植物其实有感情，也有喜爱和快乐的反应——当你为之除虫或授粉；也有恐惧和痛苦的反应——当你当面砍伐它们的同类。它们在特殊的“心电仪”和“脑电仪”里同样神绪万般，只是无法尖叫着拔腿而逃罢了。你还应该知道，科学的反复试验还证明：大地同样是“活”物和“动”物，只要你给它们足够的高温，比方说给它们太阳表面的炽热，它们就会手舞足蹈，龙腾虎跃，倒海翻江，风驰电掣，同样会有大怒的裂爆或者大爱的聚合，其“活”其“动”之能耐，远非人类可及。它们眼下之所以看似没有生命的蛰伏，只不过是如同动物的冬眠和植物的冬枯——地球的常温对于它们来说过于寒冷，正是它们的冬天。

因此相对于大地来说，人不过是没有冬眠和冬枯的山；相对于植物来说，人不过是有嘴和有脚的树。

你抬起头来眺望群山，目光随着驮马铃声在大山那里消失，看到起伏的山脊线那边，有无数的蜻蜓从霞光的深处飞来，在你的逆光的视野里颤抖出万片金光，刹那间洒满了寂静天空——这是更大的一扇家门向你洞开，更大的一个家族将把你迎候和收留——只需要你用新的语言来与骨肉相认，需要你触抚石块或树梢的问候。你知道。

大篆与小篆

广义的大篆，是指小篆以前的文字和书体，包括甲骨文、金文、籀文和春秋战国时各国的文字；狭义的大篆专指周宣王太史定的《史籀》十五篇，即“籀文”，今存“石鼓文”即这种字体的代表。

小篆又称“秦篆”，是秦始皇为统一天下文字而命李斯所制的文字。小篆笔画圆转流畅，谨严浑厚，平稳端凝，疏密匀停，较大篆整齐，对汉字的规范化起了很大的作用。

3. 自然和生命（节选）

⊙周国平

1

每年开春，仿佛无意中突然发现土中冒出了稚嫩的青草，树木抽出了小小的绿芽，那时候会有一种多么纯净的喜悦心情。记得小时候，在屋外的泥地里埋几粒黄豆或牵牛花籽，当看到小小的绿芽破土而出时，感觉到的也是这种心情。也许天下生命原是一家，也许我曾经是这么一棵树，一棵草，生命萌芽的欢欣越过漫长的进化系列，又在我的心里复苏了？

唉，人的心，进化的最高产物，世上最复杂的东西，在这小小的绿芽面前，才恢复了片刻的纯净。

2

现在，我们与土地的接触愈来愈少了。砖、水泥、钢铁、塑料和各种新型建筑材料把我们包围了起来。我们把自己关在宿舍或办公室的四壁之内。走在街上，我们同样被房屋、商店、建筑物和水泥路面包围着。我们总是活得那样匆忙，顾不上看看天空和土地。我们总是生活在眼前，忘掉了永恒和无限。我们已经不再懂得土地的痛苦和渴望，不再能欣赏土地的悲壮和美丽。

这熟悉的家，街道，城市，这熙熙攘攘的人群，有时候我会突然感到多么陌生，多么不真实。我思念被这一切覆盖着的永恒的土地，思念一切生命的原始的家乡。

3

久住城市，偶尔来到僻静的山谷湖畔，面对连绵起伏的山和浩渺无际的水，会感到一种解脱和自由。然而我想，倘若在此定居，与世隔绝，心境也许就会变化。尽管看到的还是同样的山水景物，所感到的却不是自由，而是限制了。

人及其产品把我和自然隔离开来了，这是一种寂寞。千古如斯的自然把我和历史隔离开来了，这是又一种寂寞。前者是生命本身的寂寞，后者是野心的寂寞。那种两相权衡终于承受不了前一种寂寞的人，最后会选择归隐。现代人对两种寂寞都体味甚浅又都急于逃避，旅游业因之兴旺。

4

“生命”是一个美丽的词，但它的美被琐碎的日常生活掩盖住了。我们活着，可是我们并不是时时对生命有所体验的。相反，这样的时候很少。大多数时候，我们倒是像无生命的机械一样活着。

人们追求幸福，其实，还有什么时刻比那些对生命的体验最强烈最鲜明的时刻更幸福呢？当我感觉到自己的肢体和血管里布满了新鲜的、活跃的生命之时，我的确认为，此时此刻我是世上最幸福的人了。

5

痛苦和欢乐是生命力的自我享受。最可悲的是生命力的乏弱，既无欢乐，也无痛苦。

6

生命平静地流逝，没有声响，没有浪花，甚至连波纹也看不见，无声无息。我多么厌恶这平坦的河床，它吸收了任何感觉。突然，遇到了阻碍，礁岩崛起，狂风大作，抛起万丈浪。我活着吗？是的，这时候我才觉得我活着。

4. 石缝间的生命

⊙林　希

石缝间倔强的生命，常使我感动得潸然泪下。

是那不定的风把那无人采撷的种子撒落到海角天涯。当它们不能再找到泥土，它们便把最后一线生的希望寄托在这一线石缝里。尽管它们也能从阳光中分享到温暖，从雨水里得到滋润，而唯有那一切生命赖以生存的土壤却要自己去寻找。它们面对着的现实该是多么严峻。

于是，大自然出现了惊人的奇迹，不毛的石缝间丛生出倔强的生命。

或者只就是一簇一簇无名的野草，春绿秋黄，岁岁枯荣。它们没有条件生长宽阔的叶子，因为它们寻找不到足以使草叶变得肥厚的营养，它们有的只是三两片长长的细瘦的薄叶，那细微的叶脉告知你生存该是多么艰难；更有的，它们就在一簇一簇瘦叶下又自己生长出根须，只为了少向母体吮吸一点乳汁，便自去寻找那不易被觉察到的石缝。这就是生命。如果这是一种本能，那么它正说明生命的本能是多么尊贵，生命有权自认为辉煌壮丽，生机竟是这样的不可扼制。

或者就是一团一团小小的山花，大多又都是那苦苦的蒲公英。它们的茎叶里涌动着苦味的乳白色的浆汁，它们的根须在春天被人们挖去作野菜。而石缝间的蒲公英，却远不似田野上的同宗生长得那样茁壮。它们因山风的凶狂而不能长成高高的躯干，它们因山石的贫瘠而不能拥有众多的叶片，它们的茎显得坚韧而苍老，它们的叶因枯萎而失去光泽；只有它们的根竟似那柔韧而又强固的筋条，似那柔中有刚的藤蔓，深埋在石缝间狭隘的间隙里；它们已经不能再去为人们作佐餐的鲜嫩的野菜，却默默地为攀登山路的人准备了一个可靠的抓手。生命就是这样地被环境规定着，又被环境改变着，适者生存的规律尽管无情，但一切的适者都是战胜环境的强者，生命现象告诉你，生命就是拼搏。

如果石缝间只有这些小花小草，也许还只能引起人们的哀怜；而最为令人赞叹的，就在那石岩的缝隙间，还生长着参天的松柏，雄伟苍劲，巍峨挺拔。它们使高山有了灵气，使一切的生命在它们的面前显得苍白逊色。它们的躯干就是这样顽强地从石缝间生长出来，扭曲地，旋转地，每一寸树衣上都结痂着伤疤。向上，向上，向上是多么地艰难。每生长一寸都要经过几度寒暑，几度春秋。然而它们终于长成了高树，伸展开了繁茂的枝干，团簇着永不凋落的针叶。它们耸立在悬崖断壁上，耸立在高山峻岭的峰巅，只有那盘结在石崖上的树根在无声地向你述说，它们的生长是一次多么艰苦的拼搏。那粗如巨蟒、细如草蛇的树根，盘根错节，从一个石缝间扎进去，又从另一个石缝间钻出来，于是沿着无情的青石，它们延伸过去，像犀利的鹰爪抓住了它栖身的岩石。有时，一株松柏，它的根须竟要爬满半壁山崖，似把累累的山石用一根粗粗的缆绳紧紧地缚住，由此，它们才能迎击狂风暴雨的侵袭，它们才终于在不属于自己的生存空间为自己占有了一片天地。

如果一切的生命都不屑于去石缝间寻求立足的天地，那么，世界上就会有一大片一大片的地方成为永远的死寂，飞鸟无处栖身，一切借花草树木赖以生存的生命就要绝迹，那里便会沦为永无开化之日的永远的黑暗。如果一切的生命都只贪恋于黑黝黝的沃土，它们又如何让自己驾驭环境的能力变得更加完备，又如何使自己在一代一代的繁衍中变得愈加坚强呢？世界就是如此奇妙。试想，那石缝间的野草，一旦将它们的草籽撒落到肥沃的大地上，它们一定会比未经过风雨考验的娇嫩的种子具有更为旺盛的生机，长得更显繁茂；试想，那石缝间的蒲公英，一旦它们的种子，撑着团团的絮伞，随风飘向湿润的乡野，它们一定会比其他的花卉生长得茁壮，更能经暑耐寒；至于那顽强的松柏，它本来就是生命的崇高体现，是毅力和意志最完美的象征，它给一切的生命以鼓舞，以榜样。

愿一切生命不致因飘落在石缝间而凄凄切切。愿一切生命都敢于去寻求最艰苦的环境。生命正是要在最困厄的境遇中发现自己，认识自己，从而才能锤炼自己，成长自己，直到最后完成自己，升华自己。

石缝间顽强的生命，它既是生物学的，又是哲学的，是生物学和哲学的统一。它又是美学的，作为一种美学现象，它展现给你的不仅是装点荒山枯岭的层层葱绿，它更向你揭示出美的、壮丽的心灵世界。

石缝间顽强的生命，它是具有如此震慑人们心灵的情感力量，它使我们赖以生存的这个星球变得神奇辉煌。

隶书的出现

大篆、小篆写起来很费时间，随着时代的进步，隶书应运而生。隶书是把小篆体化圆为方、削繁就简改成的，在结构上，把象形笔画隶书化，以便于书写。隶书始于秦代，普遍使用于汉魏。秦代书法家程邈将当时这种书写体加以搜集整理，后世遂有程邈创造隶书的传说。隶书奠定了楷书的基础，是汉字演进史上的一个转折点。

5. 美生灵

⊙张　炜

暮色中，河湾里落满云霞，与天际的颜色混合在一起，分不清哪是流云哪是水湾。

也就在这一幅绚烂的图画旁边，在河湾之畔，一群羊正在低头觅食。它们几乎没有一个顾得上抬起头来，看一眼这美丽的黄昏。也许它们要抓紧时间，在即将回家的最后一刻再次咀嚼。这是黄河滩上的一幕。牧羊人不见了，他不知在何处歇息。只有这些美生灵自由自在地享受着这个黄昏。这儿水草肥美，让它们长得肥滚滚的，像些胖娃娃。如果走近了，会发现它们那可爱的神情，洁白的牙齿，那丰富而单纯的表情。如果稍稍长久一点端详这张张面庞，还会生出无限的怜悯。

没有比它们更柔情、更需要依恋和爱护的动物了。它们与人类有着至为紧密的关系，它们几乎成为所有食肉动物的腹中之物，特别包括了人类。它们被豢养，被保护，却要为之付出生命的代价。它们只吃草，生成的却是奶，是最后交出的肉体。它们咩咩的叫声，可以呼唤出多少美好的情愫。它们那神秘的、不可理解的互相倾诉和呼唤，那由于鸣叫而微微开启的嘴巴、上皱的鼻梁都让人感到一个纯洁生命的可爱。

它们像玉石一样的灰蓝色眼睛，一动不动地看着你，直到把你看得羞愧，看得不知所措。

它们幼小的时候，就长出了一撮胡须，甚至还长出两个可爱的肉坠；你抚摸这胡须这肉坠，似乎看到它在向你微笑，向你无声地询问：你的来路，你的归路。可是它唯独不谈自己，不触及那无一例外的凄惨的命运。人在这种美生灵面前，应该有更多的悟想。人一生要有多少事情要做，要克服多少障碍，才能走到完美的彼岸？这遥遥无期的旅程，折磨的恰是人类自己的灵魂，而不仅仅是这一类生灵。人类一天不能揩掉手上的血迹，就一天不会获得最终的幸福。这是人类的全体未曾被告知的一个大限、一个可怕的命数。在这个命数面前，敏慧的心灵应该有所震栗。

温柔和弱小常常被欺辱，可是生命的无可企及的美却可以摧毁一切。它最终仍然具有威慑力和涤荡力。

三只小羊跟在它们的母亲身边，那种稚声稚气的咩咩声甚为动人，它们的母亲只顾寻找食物，几乎对它们的呼叫充耳不闻。它需要抓紧时间摄取更多养料，以便生成奶水来饲喂它们。它知道这些撒娇声，这嗲声嗲气的求告和呼喊没有多少要紧。三个孩子没有使母亲注意它们，最后就自觉无聊地在一块儿戏耍起来，像赌气似的，离母亲尽可能远一点，用有些笨拙的、粗粗的，像木棍一样的前腿去踢踏绿草；或者是瞅准一个踽踽前行的小甲虫，用毛烘烘的嘴巴去触碰，打一个不为人知的小喷嚏；它们有时候也干架吵嘴，甚至拳脚相加，额头顶在一起比赛角力，甚至故意伏在另一个的背上，且它一边抱怨，一边驮着往前走……这样的把戏玩了一会儿重又无趣起来，它们就一块儿向着远方奔跑，一蹿一蹿的，那是学着大羊们奔跑的样子。它们一口气跑到了河边。最后它们返回，从几只大羊的空隙中站直起来——它们想起了母亲，立刻惊慌失措地呼叫起来。它们的母亲也在寻找孩子——它一抬头发现孩子们不见了。母亲的叫声比小羊的叫声要粗重有力多了。这遥遥相对的呼应此起彼伏，渐渐惊动了群羊。所有的羊都昂头发出了叫声，帮一个母亲或三个孩子。后来它们三个重新回到母亲身边，羊群才又开始寻找食物。

暮色苍茫中，这一群美生灵被霞光勾勒出一片剪影。它们驮着所剩无几的光明踽踽而行。它们大概也会有关于黄河岸边这美好一天的记忆吧。

每一天对它们大约都是珍贵的。灿烂的阳光，绚丽的黄昏，无边的阔水和碧绿的草地——大概它们心中都会留有这美好的印痕和足迹吧。

从它们灰蓝色的眼睛里，从那种默默的注视中，似乎可以感受那潜在的灵性、温柔的本色、善良的心灵。在这生命进化的历史上，它们的确是一些跨过了漫长世纪的苍老的生命。它们也许懂得太多太多：关于这个星球、关于漫漫时光、关于生命的奥秘。

原来它们颔下垂挂的那一缕胡须，远远不是什么滑稽的标志，而是某种深刻的象征。

它们从来都没有停止去做的，就是用自己弱小的身躯，每天驮回最后一缕阳光。

（有删节）

行书的出现

行书的前身是隶书。汉宣帝以后，隶书在发展过程中，开始出现三个方面的变化：一是缩短横画的长度，缩短之后，字形更趋方正，甚至偏向长方形。二是加强上下笔画的连贯，减少点画收笔时横向挑出的波势，动作小一点的锋势变成所谓的“回收”，动作大一点的锋势演变为勾挑形式。三是将有些笔画连续书写。一般认为，到东汉桓帝、灵帝时，著名书法家刘德升创造了介于楷书与草书之间的行书字体。到了魏晋时期，行书基本走向成熟，无论点画结体还是精神风貌，都与原先的隶书截然不同。

6. 我怎样决定了自己的一生

⊙王　蒙

我常常回忆起刚过完19岁生日，决定写一部长篇小说（即《青春万岁》）的情景。当时，我觉得它像一个总攻击的决定，是一个战略决策，是一个大胆的尝试，是一个决定今后一生方向的壮举，当然也是一个冒险，是一个狂妄之举，因为所有的忠告都说初学写作应该从百字小文、千字小文做起。

我高兴我的这个决定，我满意我的这个决定。我从小就敢于自己决定命运。14岁还差5天，我就唱着冼星海的歌儿加入了共产党。1963年秋，我与妻子用了不到5分钟时间就商量好，举家西迁去新疆。

然而，年轻人的热情又太洋溢了。我决定写作以后那最初一年写出草稿的过程就和得了热病一样。志向一经确定，就不再是幻想梦境，而是巨大的实践，是一系列问题的挑战与应答，是沉重如山的劳务。这样，我才知道自己离志向有多远，即自己实现志向的准备是多么可怜。

文学如海，志向如山。我知道自己的那点敏感和才华的积累，不过是大地上的一粒芥子，海浪中的一个泡沫，山脚下的一粒沙子。一部长篇小说，足以把一个19岁的青年吞噬。结构、语言、章节、段落、人物塑造、抒情独白，这些东西我一想起来就恨不得号啕大哭。原来写一部书要想那么多事情，要做那么多决定，要让那么多人活，让他们出场，让另一些人走开，甚至让另一些人死掉。每一个字写到纸上以后，就有了灵气，就带上了悲欢，就叫作栩栩如生啦！栩栩如生是什么？就是文字成了精，头脑成了神，结构成了交响乐，感情获得了永生，你的声音将传到一间又一间房屋，一个又一个心灵。小说成了你创造的一个崭新世界，你的写作过程只能与创世过程相比！

学而后知不足，立志而后知不足，投入而后知不足。如果当初就知道文学有这么大的胃口，文学需要投入这么多，文学要耗费我这么多心血；如果知道文学需要我冒这么多风险，需要我放弃青云直上、颐指气使、驾轻就熟、八面威风的可能，我当初还敢做出那样的决定吗？然而这里并没有疑问，我只能也一定会那样决定：我以我血荐文学。

我有许多话要倾诉、要抒发、要记录、要表达，我压根儿就期待着翻山越海，乘风破浪，全力搏击，一显身手。向自己挑战，向自己提出大大超标的要求的正是自己！这就是我的人生，这就是我的价值，这就是我的选择，这就是我的快乐，这也就是我的痛苦。活一辈子，连正经的痛苦都没经历过，岂不是白活一回？岂不是枉走人间？我什么时候都没有忘记过文学，文学也就没有忘记过我。我不会忘记1953年11月的那个初冬季节，它改变了、决定了我的一生。

“书圣”王羲之

王羲之，东晋时期著名书法家，有“书圣”之称。其书法兼善隶、草、楷、行各体，精研体势，广采众长，备精诸体，冶于一炉，摆脱了汉、魏书风，自成一家，影响深远。风格平和自然，笔势委婉含蓄，遒美健秀。代表作《兰亭序》被誉为“天下第一行书”。

单元学习任务

下面几段文字是从作品中摘出来的。读一读，说说它们对生命的看法或体验有哪些是相同的，又有哪些不同。

生命像向东流的一江春水，他从最高处发源，冰雪是他的前身。他聚集起许多细流，合成一股有力的洪涛，向下奔注，他曲折地穿过了悬崖峭壁，冲倒了层沙积土，挟卷着滚滚的沙石，快乐勇敢地流走，一路上他享受着他所遭遇的一切。

（冰心《谈生命》）

每年开春，仿佛无意中突然发现土中冒出了稚嫩的青草，树木抽出了小小的绿芽，那时候会有一种多么纯净的喜悦心情。

（周国平《自然和生命（节选）》）

生命正是要在最困厄的境遇中发现自己，认识自己，从而才能锤炼自己，成长自己，直到最后完成自己，升华自己。

（林希《石缝间的生命》）

它们从来都没有停止去做的，就是用自己弱小的身躯，每天驮回最后一缕阳光。

（张炜《美生灵》）

向自己挑战，向自己提出大大超标的要求的正是自己！这就是我的人生，这就是我的价值，这就是我的选择，这就是我的快乐，这也就是我的痛苦。

（王蒙《我怎样决定了自己的一生》）

走近汪曾祺

贾平凹曾作诗：“汪是一文狐，修炼成老精。……人生何其瞬，长久知音情。愿得沾狐气，林中共营生。”诗中说的“汪”便是汪曾祺。

汪曾祺谈起自己为什么写作时，他给自己写了一首打油诗：“我事写作，原因无它：从小到大，数学不佳。考入大学，成天泡茶。读中文系，看书很杂。……有何风格？兼容并纳。不今不古，文俗则雅。与人无争，性情通达。如此而已，实在无啥。”语调真是诙谐调皮至极。他曾说：“我觉得全世界都是凉的，只我这里一点是热的。”的确，在他的笔下，吃过的美食、玩过的好物、看过的景色，都饱含着他对生活的热爱。

阅读本单元文章，学习细致入微地描摹事物，体会生活化语言的妙处，并从文学史的角度深度认识汪曾祺作品的特色与价值。

1. 我的家乡

⊙汪曾祺

我的家乡高邮在京杭大运河的下面。我小时候常到运河堤上去玩。运河是一条“悬河”，河底比东堤下的地面高，据说河堤和城墙垛子一般高。站在河堤上，可以俯瞰堤下的街道房屋。我们几个同学，可以指认哪一处的屋顶是谁家的。城外的孩子放风筝，风筝在我们的脚下飘。城里人家养鸽子，鸽子飞起来，我们看到的是鸽子的背。几只野鸭子贴水飞向东，过了河堤，下面的人看见野鸭子飞得高高的。

看打鱼。在运河里打鱼的多用鱼鹰。一般都是两条船，一船八只鱼鹰，有时也会有三条、四条，排成阵势。鱼鹰栖在木架上，精神抖擞，如同临战状态。打鱼人把篙子一挥，这些鱼鹰就噼噼啪啪，纷纷跃进水里。只见它们一个猛子扎下去，眨眼工夫，有的就叼一条鳜鱼上来——鱼鹰似乎专逮鳜鱼。打鱼人解开鱼鹰脖子上的金属的箍——鱼鹰脖子上都有一道箍，否则它就会把逮到的鱼吞下去，把鳜鱼扔进船舱，奖给它一条小鱼，它就高高兴兴，心甘情愿地又跳进水里去了。有时两只鱼鹰合力抬起一条大鳜鱼上来，鳜鱼还在挣蹦，打鱼人已经一手捞住了。这条鳜鱼够四斤！这真是一个热闹场面。看打鱼的、看鱼鹰的，都很兴奋激动，倒是打鱼人显得十分冷静，不动声色。

有时我们到西堤去玩。坐小船，两篙子就到了。西堤外就是高邮湖。我们那里的人都叫它西湖。湖很大，一眼望不到边。

湖通常是平静的，透明的。这样一片大水，浩浩淼淼（湖上常常没有一艘船），让人觉得有些荒凉，有些寂寞，有些神秘。

黄昏了。湖上的蓝天渐渐变成浅黄、橘黄，又渐渐变成紫色，很深很浓的紫色。这种紫色使人深深感动。

闻到一阵阵炊烟的香味。停泊在御码头一带的船上正在烧饭。

一个女人高亮而悠长的声音：

“二丫头……回来吃晚饭来……”

像我的老师沈从文常爱说的那样，这一切真是一个圣境。

（有删改）

2. 翠湖心影

⊙汪曾祺

昆明和翠湖分不开。很多城市都有湖，然而这些湖和城的关系都还不是那样密切。似乎把这些湖挪开，城市也还是城市。翠湖可不能挪开。没有翠湖，昆明就不成其为昆明了。翠湖在城里，而且几乎就挨着市中心。城中有湖，这在中国，在世界上，都是不多的。说某某湖是某某城的眼睛，这是一个俗得不能再俗的比喻了。然而说到翠湖，这个比喻还是躲不开。只能说：翠湖是昆明的眼睛。有什么办法呢，因为它非常贴切。

翠湖是一片湖，同时也是一条路。湖之中，有一条很整齐的贯通南北的大路。昆明人特意来游翠湖的也有，不多。多数人只是从这里穿过。翠湖中游人少而行人多。但是行人到了翠湖，也就成了游人了。从喧嚣扰攘的闹市和刻板枯燥的机关里，匆匆忙忙地走过来，一进了翠湖，即刻就会觉得浑身轻松下来；生活的重压、柴米油盐、委屈烦恼，就会冲淡一些。人们不知不觉地放慢了脚步，甚至可以停下来，在路边的石凳上坐一坐，四边看看。即使仍在匆忙地赶路，人在湖光树影中，精神也很不一样了。翠湖每天每日，给了昆明人多少浮世的安慰和精神的疗养啊。因此，昆明人——包括外来的游子，对翠湖充满感激。

翠湖这个名字起得好！湖不大，也不小，正合适。小了，不够一游；太大了，游起来怪累。湖的周围和湖中都有堤。堤边密密地栽着树。树都很高大。主要的是垂柳。“秋尽江南草未凋”，昆明的树好像到了冬天也还是绿的。湖水极清，常年盈满。我在昆明住了七年，没有看见过翠湖干得见了底。翠湖的水不深。浅处没膝，深处也不过齐腰。翠湖不种荷花，但是有许多水浮莲。肥厚碧绿的猪耳状的叶子，开着一望无际的粉紫色的蝶形的花，很热闹。我是在翠湖才认识这种水生植物的。我以后再也没看到过这样大片大片的水浮莲。湖中多红鱼，很大，都有一尺多长。这些鱼已经习惯于人声脚步，见人不惊，整天只是安安静静地，悠然地浮沉游动着。有时夜晚从湖中大路上过，会忽然泼剌一声，从湖心跃起一条极大的大鱼，吓你一跳。湖水、柳树、粉紫色的水浮莲、红鱼，共同组成一个印象：翠。

一九三九年的夏天，我到昆明来考大学，寄住在同济中学的宿舍里，几乎每天都要到翠湖。学校已经发了榜，还没有开学，我们除了骑马到黑龙潭、金殿，坐船到大观楼，就是到翠湖图书馆去看书。这是我这一生去过次数最多的一个图书馆，也是印象极佳的一个图书馆。图书馆不大，形制有一点像一个道观，非常安静整洁。有一个侧院，院里种了好多盆白茶花。这些白茶花有时整天没有一个人来看它，就只是安安静静地欣然地开着。图书馆的管理员是一个妙人。他没有准确的上下班时间。有时我们去得早了，他还没有来，门没有开，我们就在外面等着。他来了，谁也不理，开了门，走进阅览室，把壁上一个不走的挂钟的时针“喀拉拉”一拨，拨到八点，这就上班了，开始借书。这个小图书馆藏书似不少，而且有些善本。我们想看的书大都能够借到。过了两三个小时，这位干瘦而沉默的有点像陈老莲画出来的古典的图书管理员站起来，把壁上不走的挂钟的时针“喀拉拉”一拨，拨到十二点：下班！我们对他这种以意为之的计时方法完全没有意见。因为我们没有一定要看完的书，到这里来只是享受一点安静。我们的看书，是没有目的的，从《南诏国志》到福尔摩斯，逮什么看什么。

路东伸进湖水，有一个半岛。半岛上有一个两层的楼阁。阁上是个茶馆。茶馆的地势很好，四面有窗，入目都是湖水。夏天，在阁子上喝茶，很凉快。茶馆卖盖碗茶，还卖炒葵花子、南瓜子、花生米，都装在一个白铁敲成的方碟子里，昆明的茶馆计账的方法有点特别：瓜子、花生，都是一个价钱，按碟算。喝完了茶，“收茶钱！”堂倌走过来，数一数碟子，就报出个钱数。我们的同学有时临窗饮茶，嗑完一碟瓜子，随手把铁皮碟往外一扔，“Pia——”，碟子就落进了水里。堂倌算账，还是照碟算。这些堂倌们晚上清点时，自然会发现碟子少了，并且也一定会知道这些碟子上哪里去了。但是从来没有一次收茶钱时因此和顾客吵起来过；并且在提着大铜壶用“凤凰三点头”手法为客人续水时也从不拿眼睛“贼”着客人。把瓜子碟扔进水里，自然是不大道德。不过堂倌不那么斤斤计较的风度却是很可佩服的。

除了到昆明图书馆看书，喝茶，我们更多的时候是到翠湖去“穷遛”。这“穷遛”有两层意思，一是不名一钱地遛，一是无穷无尽地遛。“园日涉以成趣”，我们遛翠湖没有个够的时候。尤其是晚上，踏着斑驳的月光树影，可以在湖里一遛遛好几圈。一面走，一面海阔天空，高谈阔论。我们那时都是二十岁上下的人，似乎有很多话要说，可说，我们都说了些什么呢？我现在一句都记不得了！

我是一九四六年离开昆明的。一别翠湖，已经三十八年了，时间过得真快！

我是很想念翠湖的。

前几年，听说因为搞什么“建设”，挖断了水脉，翠湖没有水了。我听了，觉得怅然，而且，愤怒了。这是怎么搞的！谁搞的？翠湖会成了什么样子呢？那些树呢？那些水浮莲呢？那些鱼呢？

最近听说，翠湖又有水了，我高兴！我当然会想到这是三中全会带来的好处。这是拨乱反正。

但是我又听说，翠湖现在很热闹，经常举办“蛇展”什么的，我又有点担心。这又会成了什么样子呢？我不反对翠湖游人多，甚至可以有游艇，甚至可以设立摊篷卖破酥包子、焖鸡米线、冰淇淋、雪糕，但是最好不要搞“蛇展”。我希望还我一个明爽安静的翠湖。我想这也是很多昆明人的希望。

（有删改）

3. 伊犁河

⊙汪曾祺

人间无水不朝东，伊犁河水向西流。

河水颜色灰白，流势不甚急，不紧不慢，荡荡洄洄，似若有所依恋。河下游，流入苏联境。

在河边小作盘桓。使我惊喜的是河边长满我所熟悉的水乡的植物：芦苇，蒲草。蒲草甚高，高过人头。洪亮吉《天山客话》记云：“惠远城关帝庙后，颇有池台之胜，池中积蒲盈顷，游鱼百尾，蛙声间之。”伊犁河岸之生长蒲草，是古已有之的事了。蒲苇旁边，摇动着一串一串殷红的水蓼花，俨然江南秋色。

蹲在伊犁河边捡小石子，起身时发觉腿上脚上有几个地方奇痒，伊犁有蚊子！乌鲁木齐没有蚊子，新疆很多地方没有蚊子，伊犁有蚊子，因为伊犁水多。水多是好事，咬两下也值得。自来新疆，我才更深切地体会到水对于人的生活的重要性。

几乎每个人看到戈壁滩，都要发出这样的感慨：这么大的地，要是有水，能长多少粮食啊！

伊犁河北岸为惠远城。这是“总统伊犁一带”的伊犁将军的驻地，也是获罪的“废员”充军的地方。充军到伊犁，具体地说，就是到惠远。伊犁是个大地名。

惠远有新老两座城。老城建于乾隆二十七年，后为伊犁河水冲溃，废。光绪八年，于旧城西北郊十五里处建新城。

我们到新城看了看。城是土城，——新疆的城都是土城，黄土版筑而成，颇简陋，想见是草草营建的。光绪年间，清廷的国力已经很不行了。将军府遗址尚在，房屋已经翻盖过，但大体规模还看得出来。照例是个大衙门的派头，大堂、二堂、花厅，还有个供将军下棋饮酒的亭子。两侧各有一溜耳房，这便是“废员”们办事的地方。将军府下设六个处，“废员”们都须分发在各处效力。现在的房屋有些地方还保留当初的材料。木料都不甚粗大。有的地方还看得到当初的彩画遗迹，都很粗率。

新城没有多少看头，使人感慨兴亡，早生华发的是老城。

旧城的规模是不小的。城墙高一丈四，城周九里。这里有将军府，有兵营，有“废员”们的寓处，街巷市里，房屋栉比。也还有茶坊酒肆，有“却卖鲜鱼饲花鸭”“铜盘炙得花猪好”的南北名厨。也有可供登临眺望，诗酒流连的去处。“城南有望河楼，面伊江，为一方之胜”，城西有半亩宫，城北一片高大的松林。到了重阳，归家亭子的菊花开得正好，不妨开宴。惠远是个“废员”“谪宦”“迁客”的城市。“自巡抚以下至簿尉，亦无官不具，又可知伊犁迁客之多矣。”从上引洪亮吉的诗文，可以看到这些迁客下放到这里，倒是颇不寂寞的。

伊犁河那年发的那场大水，是很不小的。大水把整个城全扫掉了。惠远城的城基是很高的，但是城西大部分已经塌陷，变成和伊犁河岸一般平的草滩了。草滩上的草很好，碧绿的，有牛羊在随意啃啮。城西北的城基犹在，人们常常可以在废墟中捡到陶瓷碎片，辨认花纹字迹。

城的东半部的遗址还在。城里的市街都已犁为耕地，种了庄稼。东北城墙，犹余半壁。城墙虽是土筑的，但很结实，厚约三尺。稍远，右侧，有一土墩，是鼓楼残迹，那应该是城的中心。林则徐就住在附近。

据记载：鼓楼前方第二巷，又名宽巷，是林的住处。我不禁向那个地方多看了几眼。林公则徐，您就是住在那里的呀？

伊犁一带关于林则徐的传说很多。有的不一定可靠。比如现在还在使用的惠远渠，又名皇渠，传说是林所修筑，有人就认为这不可信：林则徐在伊犁只有两年，这样一条大渠，按当时的条件，两年是修不起来的。但是林则徐之致力新疆水利，是不能否定的（林则徐分发在粮饷处，工作很清闲，每月只需到职一次，本不管水利）。林有诗云："要荒天遣作箕子，此说足壮羁臣羁。"看来他虽在迁谪之中，还是壮怀激烈，毫不颓唐的。他还是想有所作为，为百姓做一点好事，并不像许多废员，成天只是"种树养花，读书静坐"（洪亮吉语）。林则徐离开伊犁时有诗云"格登山色伊江水，回首依依勒马看"，他对伊犁是有感情的。

惠远城东的一个村边，有四棵大青冈树。传说是林则徐手植的。这大概也是附会。林则徐为什么会跑到这样一个村边来种四棵树呢？不过，人们愿意相信，就让他相信吧。

这样一个人，是值得大家怀念的。

据洪亮吉《客话》云：废员例当佩长刀，穿普通士兵的制服——短后衣。林则徐在伊犁日，亦当如此。

伊犁河南岸是察布查尔。这是一个锡伯自治县。锡伯族人善射，乾隆年间，为了戍边，把他们由东北的呼伦贝尔迁调来此。来的时候，戍卒一千人，连同家属和愿意一同跟上来的亲友，共五千人，路上走了一年多。——原定三年，提前赶到了。朝廷发下的差旅银子是一总包给领队人的，提前到，领队可以白得若干。一路上，这支队伍生下了三百个孩子！

这是一支多么壮观的，富于浪漫主义色彩，充满人情气味的队伍啊。五千人，一个民族，男男女女，锅碗瓢盆，全部家当，骑着马，骑着骆驼，乘着马车、牛车，浩浩荡荡，迤迤逦逦，告别东北的大草原，朝着西北大戈壁，出发了。落日，朝雾，启明星，北斗星。搭帐篷，饮牲口，宿营。火光，炊烟，茯茶，奶子。歌声，谈笑声，哪一个帐篷或车篷里传出一声啼哭，“呱——”又一个孩子出生了，一个小锡伯族人，一个未来的武士。

一年多。

三百个孩子。

锡伯族人是骄傲的。他们在这里驻防二百多年，没有后退过一步。没有一个人跑过边界，也没有一个人逃回东北，他们在这片土地扎下了深根。

锡伯族到现在还是善射的民族。他们的选手还时常在各地举行的射箭比赛中夺标。

锡伯族人是很聪明的，他们一般都会说几种语言，除了锡伯语，还会说维吾尔语、哈萨克语、汉语。他们不少人还能认古满文。在故宫翻译、整理满文老档的，有几个是从察布查尔调去的。

英雄的民族！

雨晴，自伊犁往尼勒克车中望乌孙山

一痕界破地天间，
浅绛依稀暗暗蓝。
夹道白杨无尽绿，
殷红数点女郎衫。

4. 泰山很大[1]

⊙汪曾祺

描写泰山是很困难的。它太大了，写起来没有抓挠。三千年来，写泰山的诗里最好的，我以为是《诗经》的《鲁颂》："泰山岩岩，鲁邦所詹。""岩岩"究竟是一种什么感觉，很难捉摸，但是登上泰山，似乎可以体会到泰山是有那么一股劲儿。詹即瞻。说是在鲁国，不论在哪里，抬起头来就能看到泰山。这是写实，然而写出了一个大境界。汉武帝登泰山封禅，对泰山简直不知道怎么说才好，只好发出一连串的感叹："高矣！极矣！大矣！特矣！壮矣！赫矣！感矣！"完全没说出个所以然。这倒也是一种办法，人到了超经验的景色之前，往往找不到合适的语言。杜甫诗《望岳》，自是绝唱，"岱宗夫如何？齐鲁青未了"，一句话就把泰山概括了。杜甫真是一个深受儒家思想影响的伟大的现实主义者，这一句诗表现了他对祖国山河的无比的忠悃。相比之下，李白的"天门一长啸，万里清风来"，就有点洒

① 本文节选自汪曾祺的散文《泰山片石》，有删节。

狗血，李白写了很多好诗，很有气势，但有时底气不足，便只好洒狗血，装疯。他写泰山的几首诗都让人有底气不足之感。杜甫的诗当然受了《鲁颂》的影响，“齐鲁青未了”，当自“鲁邦所詹”出。张岱说：“泰山元气浑厚，绝不以玲珑小巧示人。”这话是说得对的。大概写泰山，只能从宏观处着笔。郦道元写三峡可以取法，柳宗元的《永州八记》刻琢精深，以其法写泰山即不大适用。

写风景，是和个人气质有关的。徐志摩写泰山日出，用了那么多华丽鲜明的颜色，真是“浓得化不开”。但我有点怀疑，这是写泰山日出，还是写徐志摩自己？我想周作人就不会这样写。周作人大概根本不会去写日出。

我是写不了泰山的，因为泰山太大。我对泰山不能认同。我对一切伟大的东西总有点格格不入。我十年间两登泰山，可谓了不相干。泰山既不能进入我的内部，我也不能外化为泰山。山自山，我自我，不能达到物我同一，山即是我，我即是山。泰山是强者之山，我自以为这个提法很合适，我不是强者，不论是登山还是处世。我是生长在水边的人，一个平常的、平和的人。我已经过了七十岁，对于高山，只好仰止。我是个安于竹篱茅舍、小桥流水的人。以惯写小桥流水之笔而写高大雄奇之山，殆矣。人贵有自知之明，不要“小鸡吃绿豆——强努”。

同样，我对一切伟大的人物也只能以常人视之。泰山的出名，一半由于封禅。封禅史上最突出的两个人物是秦皇、汉武。这两位大人物的封禅，可以说是他们的人格的夸大。看起来这两位伟大人物的封禅的实际效果都不怎么样，秦始皇上山，上了一半，遇到暴风雨，吓得退下来了。按照秦始皇的性格，暴风雨算什么呢？他横下心来，是可以不顾一切地上到山顶的。然而他害怕了，退下来了。于此可以看出，伟大人物也有虚弱的一面。汉武帝要封禅，召集群臣讨论封禅的制度。因无旧典可循，大家七嘴八舌瞎说一气。汉武帝恼了，自己规定了照祭东皇太乙的仪式，上山了。却谁也不让同去，只带了霍去病的儿子一个人。封禅是大典，为什么要这样保密？看来汉武帝心里也有鬼，很怕他的那一套名堂不灵验，为人所讥。

但是，又一次登了泰山，看了秦刻石和无字碑（无字碑是一个了不起的杰作），在乱云密雾中坐下来，冷静地想想，我的心态比较透亮了。我承认泰山很雄伟，尽管我和它不能水乳交融，打成一片；承认伟大的人物确实是伟大的，尽管他们所做的许多事不近人情。他们是人里头的强者，这是毫无办法的事。在山上待了七天，我对名山大川、伟大人物的偏激情绪有所平息。

同时我也更清楚地认识到我的微小，我的平常，更进一步安于微小，安于平常。

这是我在泰山受到的一次教育。

从某个意义上说，泰山是一面镜子，照出每个人的价值。

5. 废名：影响我比较深的作家

⊙汪曾祺

废名这个名字现在几乎没有人知道了。国内出版的中国现代文学史没有一本提到他。这实在是一个真正很有特点的作家。他在当时的读者就不是很多，但是他的作品曾经对相当多的二十世纪三十年代、四十年代的青年作家，至少是北方的青年作家，产生过颇深的影响。这种影响现在看不到了，但是它并未消失。它像一股泉水，在地下流动着。也许有一天，会汩汩地流到地面上来的。他的作品不多，一共大概写了六本小说，都很薄。他后来的作品中有见道之言，很不好懂。《莫须有先生传》就有点令人莫名其妙，到了《莫须有先生坐飞机以后》就不知所云了。但是他早期的小说，《桥》《枣》《桃园》和《竹林的故事》，写得真是很美。他把晚唐诗的超越理性、直写感觉的象征手法移到小说里来了。他用写诗的办法写小说，他的小说实际上是诗。他的小说不注重写人物，也几乎没有故事。《竹林的故事》算是长篇，叫作“故事”，实无故事，只是几个孩子每天生活的记录。他不写故事，写意境。但是他的小说是感人的，使人得到一种不同寻常的感动。因为他对于小儿女是那样富于同情心。他用儿童一样明亮而敏感的眼睛观察周围世界，用儿童一样简单而准确的笔墨来记录。他的小说是天真的，具有天真的美。因为他善于捕捉儿童的飘忽不定的思想和情绪，他运用了意识流。他的意识流是从生活里发现的，不是从外国的理论或作品里搬来的。有人说他的小说很像弗·沃尔芙，他说他没有看过沃尔芙的作品。后来找来看看，自己也觉得果然很像。这是一个很有趣的现象。身在不同的国度，素无接触，为什么两个作家会找到同样的方法呢？因为他追随流动的意识，因此他的行文也和别人不一样。周作人曾说废名是一个讲究文章之美的小说家。又说他的行文好比一溪流水，遇到一片草叶，都要去抚摸一下，然后又汪汪地向前流去。这说得实在非常好。

我讲了半天废名，你也许会在心里说：你说的是你自己吧？我跟废名不一样（我们的世界观首先不同）。但是我确实受过他的影响，现在还能看得出来。

契诃夫开创了短篇小说的新纪元。他在世界范围内使“小说观”发生了很大的变化，从重情节、编故事发展为写生活，按照生活的样子写生活。从戏剧化的结构发展为散文化的结构。于是才有了真正的短篇小说，现代的短篇小说。托尔斯泰最初很看不惯契诃夫的小说。他说契诃夫是一个很怪的作家，他好像把文字随便地丢来丢去，就成了一篇小说了。托尔斯泰的话说得非常好。随便地把文字丢来丢去，这正是现代小说的特点。

“阿左林是古怪的”（这是他自己的一篇小品的题目）。他是一个沉思的、回忆的、静观的作家。他特别擅长于描写安静，描写在安静的回忆中的人物的心理的潜微的变化。他的小说的戏剧性是觉察不出来的戏剧性。他的“意识流”是明澈的，覆盖着清凉的阴影，不是芜杂的、纷乱的。热情的恬淡，人世的隐逸。阿左林笔下的西班牙是一个古旧的西班牙，真正的西班牙。

以上，我老实交代了我曾经接受过的影响，未必准确。至于这些影响怎样形成了我的风格（假如说我有自己的风格），那是说不清楚的。人是复杂的，不能用化学的定性分析方法分析清楚。但是研究一个作家的风格，研究一下他所曾接受的影响是有好处的。如果你想学习一个作家的风格，最好不要直接学习他本人，还是学习他所师承的前辈。你要认老师，还得先见见太老师。一祖三宗，渊源有自。这样才不致流于照猫画虎，邯郸学步。

一个作家形成自己的风格大体要经过三个阶段：一、模仿；二、摆脱；三、自成一家。初学写作者，几乎无一例外，要经过模仿的阶段。我年轻时写作学沈先生，连他的文白杂糅的语言也学。我的《汪曾祺短篇小说选》第一篇《复仇》，就有模仿西方现代派的方法的痕迹。后来岁数大了一点，到了“而立之年”了吧，我就竭力想摆脱我所受的各种影响，尽量使自己的作品不同于别人。郭小川同志有一次碰到我，说："你说过的一句话，我到现在还记得。"我问他是什么话，他说："你说过，凡是别人那样写过的，我就决不再那样写！"我想想，是说过。那还是以前的事了。我现在不说这个话了。我现在岁数大了，已经无意于使自己的作品像谁，也无意使自己的作品不像谁了。别人是怎样写的，我已经模糊了，我只知道自己这样的写法，只会这样写了。我觉得怎样写合适，就怎样写。我现在看作品，已经很少从形成自己的风格这样的角度去看了。对于曾经影响过我的作家的作品，近几年我也很少再看。然而：

菌子已经没有了，但是菌子的气味留在空气里。

影响，是仍然存在的。

一个人也不能老是一个风格，只有一种风格。风格，往往是因为所写的题材不同而有差异的。或庄，或谐；或比较抒情，或尖刻冷峻。但是又看得出还是一个人的手笔。一方面，文备众体；另一方面又自成一家。

（有删改）

6. 汪曾祺的价值[1]

⊙王　干

汪曾祺的价值首先在于连接了曾经断裂多时的中国现代文学和当代文学。现当代文学之间的断裂是历史造成的。现代文学史上的作家在新中国成立后鲜有优秀作品出现，原因很多，有的是失去了写作的权利，有的是为了配合而失去了写作个性和艺术锋芒。郭沫若、茅盾、巴金、曹禺等大师虽然有写作的可能，但艺术上乏善可陈，而老舍唯一的经典之作《茶馆》，按照当时的标准是准备作为废品丢弃的，幸亏焦菊隐大师慧眼识珠，才免了一场经典流失的事故。而新中国成立后出现的作家，在文脉上是刻意要和“五四”文学划清界限的，因而当代文学与现代文学隔着一道鸿沟。汪曾祺是填平这道鸿沟的人，不仅是跨越了两个时代的写作，更重要的是汪曾祺将两个时代天衣无缝地衔接在一起，而不像其他作家在两个时代写出不同的文章来。早年的《鸡鸭名家》和晚年的《岁寒三友》放在一起，是同一个汪曾祺，而不像

① 节选自《被遮蔽的大师》，题目为编者所加。

《女神》和《放歌集》，是两个截然不同的郭沫若。最有意味的是，汪曾祺还把他早年的作品修改后重新发表，比如《异秉》等，这一方面表现了他艺术上的精益求精，同时也看出他愿意把现代文学和当代文学进行有效的缝合。这种缝合，不是言论，而是他自身的写作。

就语言的层面而言，沈从文可谓达到了炉火纯青的地步，他的叙述语言和人物语言都是那么的精确和自然。但不难看出，沈从文的小说语言显然带着新文学以来的痕迹，这个痕迹就是西方小说的文体，当然这就造成新文学的文体与翻译的文体形成了某种“同构”。在白话文草创时期，新文学的写作自然会下意识地接受翻译文体的影响，像鲁迅的小说语言和他翻译《铁流》的文体是非常相像的。沈从文在同时代的作家中，是对翻译文体过滤得最为彻底的作家，但毋庸置疑，沈从文的小说语言虽然带着浓郁的中国乡土气息和民间风味，也带着“五四”新文学的革新气息，但读沈从文的作品，很少会去联想到中国的古典文化和中国的文人叙事传统。而汪曾祺比之沈从文，在语句上，平仄相间，短句见长，那种比较欧化的长句几乎没有，读汪曾祺的小说，很容易会想到唐诗、宋词、元曲、笔记小说、《聊斋》、《红楼梦》，这是因为汪曾祺自幼受到中国古典文化的熏陶，对中国文化的传统有着切身的体验和感受。比沈从文的野性、原生态要多一些文气和典雅。作为中国小说的叙事，在汪曾祺这里，完成古今的对接，也完成了对翻译文体的终结。翻译文体对中国文学的影响由来已久，也促进了中国新文学的诞生，但是翻译文体作为舶来品，最终要接上中国文化的地气。汪曾祺活在现代文学和当代文学之间，历史造就了这样的机会，让人明白什么是真正的“中国叙事”。尤其是1978年以后，中国文学面临着重新被欧化的危机，面临着翻译文体的第二潮，汪曾祺硕果仅存地提醒着意气风发一心崇外的年轻作家，“回到现实主义，回到民族传统”。汪曾祺作为“现代”文学的过来人，在当代文学时期仍然保持旺盛的创作力，他不是那种只说不练的以前辈自居的过来人，他的提醒虽然不能更正一时的风气，但他作品的存在让年轻人刮目相看，心服口服。

汪曾祺的另一个价值在于用他的作品激活了传统文学在今天的生命力，唤起人们对汉语言文字的美感。早在20世纪80年代现代主义文学风起云涌的时候，他在各种场合就反复强调“回到现实主义，回到民族传统”，当时看来好像有点不合时宜，而现在看来却是至理名言，说出了中国文学的正确路径。时过30多年，当我们在寻找呼唤“中国叙事”时，蓦然回首，发现汪曾祺已经为我们提供了经典的文本。汪曾祺通过他的创作唤醒了沉睡已久的汉语美感，激发了那些隐藏在唐诗、宋词、元曲之间的现代语词的光辉，证明了中华美文在白话文时代同样可以熠熠生辉。传统文化的影响和传承渗透在汪曾祺作品的每一个角落，他的触角在小说、散文之余遍及戏剧、书画、美食、民歌、考据等诸多领域，他的国学造诣润物细无声地滋润着读者。对这方面的成就已经有很多人论述过，我不再赘述。

汪曾祺的价值还在于打通了文学创作与民间文学的内在联系，将知识分子精神、文人传统、民间情怀有机地融为一体。“五四”以来的新文学运动，是现代知识分子对旧的文化的一次成功改造。由于五四作家大多有着深厚的古典文学底蕴，他们的作品虽然都是拿来主义的色彩比较浓，但因国学融入血液之中，他们的作品并不是白开水式的无味。但毋庸置疑，“五四”以来的文学存在着过于浓重的文人创作痕迹，不接地气。汪曾祺早期的小说，也带着这样的痕迹。而新中国成立之后的小说，则发生了巨大变化，他的小说文气依旧，但接地气、通民间，浑然天成。这种“天成”，或许是被动的，因为新中国成立后的文艺政策以《在延安文艺座谈会上的讲话》为准绳，讲话的一个核心内容，就是文艺家要向民间学习，向人民学习。这让汪曾祺和同时代的作家必须放下文人的身段，从民间汲取养分，改变文风。而汪曾祺得天独厚之处，他和著名农民作家赵树理在《说说唱唱》编辑部共事五年，赵树理是当时文学界的一面旗帜，又是汪曾祺的领导（赵树理是主编，汪曾祺是编辑部主任），汪曾祺很自然会受到赵树理的影响，汪曾祺后来曾著文回忆过赵对他的影响。而《说说唱唱》具体的编辑工作，又让他有机会阅读了大量来自全国各地的民间文学作品，据说有上万篇。时代的风气，同事的影响，阅读的熏陶，加之汪曾祺天生的民间情怀（早年的《异秉》就是市井民间的写照），让他对民间文学产生了浓厚的兴趣，并且融入自己的创作之中。而1957年到远离城市的张家口乡村之后，更加体尝到民间文化的无穷魅力。

他的一些小说章节改写于民间故事，而在语言、结构的方面处处体现出民间文化的巨大影响。已经有一些研究者对汪曾祺所呈现出来的民间文化的特点进行了多方面的研究。也许汪曾祺的“民间性”不如赵树理、马烽、西戎等人鲜明，但汪曾祺身上那种传统文化的底蕴是山药蛋派作家难以想象和企及的，雅俗文野在汪曾祺身上得到高度和谐的统一，在这方面，汪曾祺可以说是当代文学第一人。

汪曾祺可以当之无愧被称为20世纪中国的文学大师，他的“大”在于融汇古今、贯通中西，将现代性和民族性成功融为一体，将中国的文人精神与民间的文化传统有机地结合，成为典型的中国叙事、中国腔调，他的价值是中国文学和文化的瑰宝，随着人们对他认识的深入，其价值越来越弥足珍贵，其光泽将会被时间磨洗得越发明亮迷人。

（有删改）

单元学习任务

下面是汪老为电视专题片《梦故乡》写的主题歌的歌词，请从本单元的《我的家乡》《翠湖心影》《伊犁河》中寻找素材和灵感，模仿汪老的语言风格，为其笔下的大运河、高邮湖、翠湖、伊犁写几段歌词吧。

我的家乡在高邮

我的家乡在高邮，风吹湖水浪悠悠。岸上栽的是垂杨柳，树下卧的是黑水牛。

我的家乡在高邮，春是春来秋是秋。八月十五连枝藕，九月初九焖芋头。

我的家乡在高邮，女伢子的眼睛乌溜溜。不是人物长得秀，怎会出一个风流才子秦少游？

我的家乡在高邮，花团锦绣在前头。百样的花儿都不丑，单要一朵五月端阳通红灼亮的红石榴。

哎……我的家乡在高邮。

雨落无声

雨是大自然最杰出的乐器，在大地上弹奏出各种美妙的音乐。雨是光影的剪辑者，把光影分割成一缕缕旖旎的风景线，风姿绰约。春雨最是缠绵悱恻，那么欢快，那么轻盈，细密的雨丝缠绕着万物，带来勃勃生机。夏雨最是悠然惬意，那么热情，那么奔放，豆大的雨珠冲刷着万物，带给人畅快淋漓的体验。秋雨最是潇洒自如，那么灵动，那么飘逸，蒙蒙的烟雨让人沉思，从而感受恬淡自然的人生乐趣。冬雨最是沉重默然，那么冷静，那么怆然，冷清的雨未至雪先到，让人因逝去的时光而惆怅难眠。

春夏秋冬，季节不同，雨意有别，人们的感受也有别。阅读本单元文章，体会作者笔下的“雨”流露出的别样情感，学习作者是如何融情入景，将自己的情感融于这常见的“雨”中的。

1. 听　雨

⊙季羡林

从一大早就下起雨来。下雨，本来不是什么稀罕事儿，但这是春雨，俗话说："春雨贵似油。"而且又在罕见的大旱之中，其珍贵就可想而知了。

"润物细无声"，春雨本来是声音极小极小的，小到了"无"的程度。但是，我现在坐在隔成了一间小房子的阳台上，顶上有块大铁皮。楼上滴下来的檐溜就打在这铁皮上，打出声音来，于是就不"细无声"了。按常理说，我坐在那里，同一种死文字拼命，本来应该需要极静极静的环境，极静极静的心情，才能安下心来，进入角色，来解读这天书般的玩意儿。这种雨敲铁皮的声音应该是极为讨厌的，是必欲去之而后快的。

然而，事实却正相反。我静静地坐在那里，听到头顶上的雨滴声，此时有声胜无声，我心里感到无量的喜悦，仿佛饮了仙露，吸了醍醐，大有飘飘欲仙之概了。这声音时慢时急，时高时低，时响时沉，时断时续，有时如金声玉振，有时如黄钟大吕，有时如大珠小珠落玉盘，有时如红珊白瑚沉海里，有时如弹素琴，有时如舞霹雳，有时如百鸟争鸣，有时如兔落鹘起，我浮想联翩，不能自已，心花怒放，风生笔底。死文字仿佛活了起来，我也仿佛又溢满了青春活力。我平生很少有这样的精神境界，更难为外人道也。

在中国，听雨本来是雅人的事。我虽然自认还不是完全的俗人，但能否就算是雅人，却还很难说。我大概是介乎雅俗之间的一种动物吧。中国古代诗词中，关于听雨的作品是颇有一些的。顺便说上一句：外国诗词中似乎少见。我的朋友章用回忆表弟的诗中有："频梦春池添秀句，每闻夜雨忆联床。"是颇有一点诗意的。连《红楼梦》中的林妹妹都喜欢李义山的"留得残荷听雨声"之句。最有名的一首听雨的词当然是宋朝蒋捷的《虞美人》，词不长，我索性抄它一下：

少年听雨歌楼上，红烛昏罗帐。壮年听雨客舟中，江阔云低断雁叫西风。

而今听雨僧庐下，鬓已星星也。悲欢离合总无情，一任阶前点滴到天明。

蒋捷听雨时的心情，是颇为复杂的。他是用听雨这一件事来概括自己的一生的，从少年、壮年一直到老年，达到了"悲欢离合总无情"的境界。但是，古今对老的概念，有相当大的悬殊。他是"鬓已星星也"，有一些白发，看来最老也不过五十岁左右。用今天的眼光看，他不过是介乎中老之间，用我自己比起来，我已经到了望九之年，鬓边早已不是“星星也”，顶上已是“童山濯濯”了。要讲达到“悲欢离合总无情”的境界，我比他有资格。我已经能够“纵浪大化中，不喜亦不惧”了。

可我为什么今天听雨竟也兴高采烈呢？这里面并没有多少雅味，我在这里完全是一个“俗人”。我想到的主要是麦子，是那辽阔原野上的青春的麦苗。我生在乡下，虽然六岁就离开，谈不上干什么农活，但是我拾过麦子，捡过豆子，割过青草，劈过高粱叶。我血管里流的是农民的血，一直到今天垂暮之年，毕生对农民和农村怀着深厚的感情。农民最高希望是多打粮食。天一旱，就威胁着庄稼的成长。即使我长期住在城里，下雨一少，我就望云霓，自谓焦急之情，决不下于农民。北方春天，十年九旱。今年似乎又旱得邪行。我天天听天气预报，时时观察天上的云气。忧心如焚，徒唤奈何。在梦中也看到的是细雨蒙蒙。

今天早晨，我的梦竟实现了。我坐在这长宽不过几尺的阳台上，听到头顶上的雨声，不禁神驰千里，心旷神怡。在大大小小高高低低，有的方正有的歪斜的麦田里，每一个叶片都仿佛张开了小嘴，尽情地吮吸着甜甜的雨滴，有如天降甘露，本来有点黄萎的，现在变青了。本来是青的，现在更青了。宇宙间凭空添了一片温馨，一片祥和。

我的心又收了回来，收回到了燕园，收回到了我楼旁的小山上，收回到了门前的荷塘内。我最爱的二月兰正在开着花。它们拼命从泥土中挣扎出来，顶住了干旱，无可奈何地开出了红色的白色的小花，颜色如故，而鲜亮无踪，看了给人以孤苦伶仃的感觉。在荷塘中，冬眠刚醒的荷花，正准备力量向水面冲击。水当然是不缺的。但是，细雨滴在水面上，画成了一个个的小圆圈，方逝方生，方生方逝。这本来是人类中的诗人所欣赏的东西，小荷花看了也高兴起来，劲头更大了，肯定会很快地钻出水面。

我的心又收近了一层，收到了这个阳台上，收到了自己的腔子里，头顶上叮当如故，我的心情怡悦有加。但我时时担心，它会突然停下来。我潜心默祷，祝愿雨声长久响下去，响下去，永远也不停。

楷书四大家（一）

楷书四大家是书法史上以楷书著称的四位书法家的合称，这四大家分别是唐朝欧阳询（欧体）、唐朝颜真卿（颜体）、唐朝柳公权（柳体）、元朝赵孟頫（赵体）。其中，欧阳询的楷书法度严谨，笔力险峻，世称“唐人楷书第一”，代表作有《九成宫醴泉铭》《化度寺碑》等。

2. 醉落江南雨

⊙庄 晓

六月的江南，又开始下起雨来了，阴雨绵绵，淅淅沥沥。

醉了，烟雨江南。嗅着栀子花的清香，枕着这一船梦，午后小憩，一不小心就跌落到那并不繁华的梦里去了。青石板砖梧桐巷，雨落纷纷故人来。于是就有了一位江南女子，素衣长裙，云鬓绾起，执一柄油纸伞，候在小巷的尽头。于是就有了江南的错误："我不是归人，是个过客。"雨中，连马蹄声也不再"嗒嗒"，转而变得温柔，溅起些许青泥，醉了，醉了。

这样的午时总是好睡。醒来，窗户开着，连空气都是清冽的，整个人也跟着绵绵的，一些过往的思绪涌来，浮现，又随着风去了。风渐渐地大了，雨渐渐地停了。眼瞅着要停了，稀稀落落的，却又落入荷塘里去了。那一池子的荷花刚要舒展腰肢，又害羞地躲在荷叶后面去了。

江南的雨啊，总之这般，总是不停。一年之中，雨水充沛着大大小小的湖泊，浇灌了鱼米之乡，滋润了一代又一代的江南人。告别了短暂的干燥冬季，听，一夜雨声不歇，这是春雨来了。“好雨知时节，当春乃发生。”春雨，二月三月的日子，带来的是春寒料峭。万物复苏，非得到烟花三月左右，雨不下了，芳草萋萋，野花也敢在风中瑟瑟地崭露头角了。但雨是不停的，间歇地直到清明前后。四月清明，雨纷纷、人断魂，于是属于春日最后的愁绪又涌上来了。将几枝带着雨露的新鲜雏菊搁置于墓碑前，默然、鞠躬，悼念的是故人，回忆的是过往人生。

听，一声惊雷，夏雨来了。江南的五六月，便开始属夏季了。立夏、夏至，吃过粽子、咸蛋，喝过绿豆汤才算。初夏的天约莫是四季中最好的，总有微风拂面，总有笑意盈盈。总算褪去了多余的衣物，穿得清清凉凉，姑娘们裙摆飞扬，也不失为夏季一道美丽的景色。然六月下旬，梅雨将至，整个天空又开始灰暗了。持续阴天有雨，非得一月有余。此时段正是江南梅子的成熟期，故称其为“梅雨”。这接连不断的雨带来了秋季的丰收，也带来了“霉”，湿度空前，霉在每一个地方静默、滋生成长，直到在你遗忘的角落里腐朽，掏空一切，化为尘土。直至七月，随着天空突然放晴，梅雨戛然而止，温度骤升，太阳炙烤大地，炎热一扫潮湿，仿佛那一月的梅雨从未来过。这样的高温是让人窒息且崩溃的，唯有傍晚或者夜深时分，一场突如其来的大雨带来清凉，雨珠如豆子般洒落，倾盆也不足以形容。没带雨具的人们抱头逃窜，带了雨具的也并不好到哪里去，都是淋了个通透。天空惊雷滚滚，惹得人心惊肉跳，这才是一场真正的江南夏雨，轰轰烈烈。这雨通常来得快去得也快，随后天空一片湛蓝，隐约可见彩虹，美得惊心动魄。这样的雨也说明了江南的反复，温柔中窥其暴烈。

秋雨，延绵又连绵。秋风来了，大地鎏金。丰收的季节很快过去，接着，便是一场秋雨一场凉。一场秋雨过去，早晚的温差便显现了；再一场过去，露水凝成了霜，鸟儿飞去了南方。很快的，你还不足以享受秋天带来的柔情，冬雨来了。

若说绝望，大约没有比江南的冬雨更让人绝望的。笔者曾在《江南之寒》中写过一些对冬雨的感受："不下雨的时候，当然也干燥得让你浑身静电，手脚皲裂；而下雨的时候，那冬雨带来的湿寒，更让人无法忍受。骑车上学，遭罪的是脚，记得有次鞋子湿透了，那寒冷带来的触感，是麻木冰冷僵硬，脚一阵阵地刺痛，到放学回家时分，几乎已是迈不动步子了。"倒也不如南方！温和的冬季并不寒冷。倒也不如北方！漫天冰雪别有一番境地。雨仍旧是常常下的，偏偏成不了雪，落在脸上，却又是冰冷刺痛的。难得温度在零摄氏度左右，落了几粒冻雨，很快又被那风吹得消散了。

余光中先生有篇散文《听听那冷雨》，其中写道："惊蛰一过，春寒加剧。先是料料峭峭，继而雨季开始，时而淋淋漓漓，时而淅淅沥沥，天潮潮地湿湿，即使在梦里，也似乎有把伞撑着。" "杏花，春雨，江南。六个方块字，或许那片土就在那里面。"余老先生祖籍福建，母亲原籍江苏武进，故也自称"江南人”。武进隶属常州，与笔者家乡只有一镇之隔，气候当然类同。余老先生生活在台湾，较之江南，他历经的春寒远不及江南之寒。然却可从此文中，领略其从未消逝的乡愁。

醉落江南雨。大多数时候，这雨叫人沉醉，令人遐想。但也不尽然都令人高兴，比如梅雨季造成的——似乎永远干不了的衣服及潮湿的物候所带来的其他困扰。友从无锡回郑州后看房，第一要求是房间朝南向阳，以防梅雨季。家人瞪眼：“梅雨？”倏地反应过来，中原不是江南，她早已远离那片土地了。

提起江南，多半总有几个词浮现脑海：婉约、柔情、水乡。水在江南的确不是稀缺，就凭这么多雨。江南有雨，我们并不称之为“下雨”而称“落雨”，“落”较之“下”，平添一份温情在其中。有雨的日子里，最快活的大约还是宅在家中，一盏孤灯，一卷书籍，听听那雨声。“前尘隔海。古屋不再。听听那冷雨。”

3. 雨落大地

⊙安　宁

我始终无法入睡。一阵风吹过，窗前的梧桐树上，有雨纷纷落下。那雨落在深夜，听上去有些森然，似乎有千万只脚，正悄无声息地穿过铺满潮湿树叶的小路。那些脚要去往哪里呢，它们在静夜里，要走多远，才肯停歇下来？

我和弟弟穿着雨衣，在墙根下观察一只刚刚钻出泥土的蜗牛。

这只蛰伏了一整个冬天的蜗牛，被雨水一冲，身体便绸缎一样柔软光亮。当它慢慢向上攀爬的时候，这匹闪烁着金子一样光泽的绸缎，好像有了呼吸。这呼吸如此动人心魄，是大海一样深沉的力量，一股一股地向前，推动着这生机勃勃的力。我着迷于蜗牛身体里蕴蓄的丰沛饱满的热情，注视着它爬过一根腐朽的木头，越过一块滑腻的长满青苔的石头，稍稍喘了喘气，又攀上一株细细的香椿的幼苗，在一片叶子上，摇摇晃晃地停了下来。原本有许多雨珠，聚集在那片叶子上的，被这只蜗牛占据地盘后，它们便纷纷坠落下来。恰好一只蚂蚁路过，对这场突如其来的“大雨”躲闪不及，只好认栽，在一小片水洼中艰难地游了好久，才挣扎着爬上岸去，气喘吁吁地抖一抖满身的雨水，而后拖着沉重的躯体，消失在某一座干枯的柴草垛下。

等我目送那只蚂蚁离去之后，弟弟已经用小木棍，将那只试图安静地蹲踞在香椿树叶上欣赏无边雨幕的蜗牛，给拨弄到了地上。我有些生气，训斥他：再这样，小心半夜做噩梦，变成一只蜗牛！弟弟本来笑嘻嘻地想继续玩弄那只缩进壳去的蜗牛的，听我这样一吓，立刻惊恐得呆愣着，并将手里的木棍迅速地丢开，好像生怕变成蜗牛。

这时雨下得更大了一些，细细密密地，将天地包裹住。我的双脚蹲得有些发麻，便站起身来，想要走到院子的门楼下去。弟弟却哀戚着一张脸，怯怯地望着我。我不理他，啪嗒啪嗒地踩着雨水，走向门口。

几只母鸡也躲在门楼下避雨。它们蹲在地上，安静地注视着雨水顺着青砖的墙壁，不停地滑落。这让它们看上去更像是一群哲学家。鸡的眼睛里看到的这个世界，是怎样的呢？跟我一样是静谧又哀愁的吗？我不清楚。我只是学着它们的样子，放低身体，却将视线朝向永无止境的天空，那里正有雨，绵绵不绝地落下。

弟弟不知何时也学了母鸡的样子，蹲踞在我的身边。房间里静悄悄的。母亲正在睡觉，父亲在编着菜筐，除了挂钟嘀嘀嗒嗒的响声，在提醒着人时间的流逝，一切便都好像在雨声里静止住了。我知道弟弟和我一样，不喜欢父亲编筐的时候在房间里待着，怕一不留神，扫过桌椅的柳条，忽然间没长眼睛，抽到自己的屁股上去。

但我只想一个人在门楼下待着，安静地听一听雨声。想到明天去学校，众目睽睽之下，我需要跟老师开口解释拖延学费上缴的理由，我看弟弟，便百般地不顺眼，想要甩掉脚上一块软塌塌的泥巴一样，一脸怒气地将他远远地甩开去。弟弟却黏住了我似的，跟我靠得更近了一些。在连吃了我几个白眼之后，他终于哀哀地开了口：姐姐，那只蜗牛，爬到墙上去了，是我帮它爬上去的……

我早已忘了那只可怜的蜗牛，也并不关心这样一个雨天，它究竟会爬去哪儿。一只蜗牛的命运，与我对缴不上学费的焦虑相比，是那么不值一提。一只蜗牛终归是一只蜗牛罢了。在这密密雨幕包裹住的天地里，我无处可去。眼前的这个雨天，因为明天无法落实的学费的烦恼，再无最初时那样美好动人。

夜色弥漫开的时候，雨明显慢了下来，好像它们也跟雷电大战了一场，疲惫不堪，想要睡去。起初，它们打在盆沿上，是啪啪啪啪的快速声响。后来，它们气息变得匀速，便成了温柔的小夜曲。接着，它们厌倦了，有一声没一声地滴落在浓墨一样的夜色里，又很快地消失掉。最后，它们终于与无边的夜色，交融在一起。

我始终无法入睡。一阵风吹过，窗前的梧桐树上，有雨纷纷落下。那雨落在深夜，听上去有些森然，似乎有千万只脚，正悄无声息地穿过铺满潮湿树叶的小路。那些脚要去往哪里呢，它们在静夜里，要走多远，才肯停歇下来？它们踏遍整个雨夜中的村庄，是不是要去寻找另外的一只走丢了的脚？一只脚如果被另外一只脚踩到，会不会疼得尖叫起来，然后又忽然怕打扰了一整个村庄的睡眠，戛然而止？

弟弟不知何时又悄无声息地出现在我的面前，我的心里升起一阵烦厌。姐姐……他嗫嚅着，声音里满是恐惧，姐姐……我真的会变成一只蜗牛吗？

我想骂他哪儿来的这些胡思乱想，忽然间听到窗外有雨哗啦啦地从梧桐树叶上飞旋而下，就在那时，想起白天我和他穿着雨衣蹲在墙根下，观看一只蜗牛爬上香椿树叶时，对他的惊吓。他竟然在雨中打了一个滚后，还没有忘记我施的咒语。

那一晚，我睡得很沉，以永久地从这个世界消失掉的虚空，沉沉地睡去。

推着自行车出门的时候，一只刚刚下完蛋的母鸡，用响亮的咯咯嗒的报喜声，欢送我的离去。我披了窸窣作响的塑料雨衣，走到庭院门口，忍不住看了一眼那棵低矮的香椿树苗，那里空荡荡的，只有细细的雨，在静默无声地飘落。那只将弟弟吓住的蜗牛呢？会不会真的在夜里出没？我还瞥见水井旁堆积的榆树木头上，已经长出了密密的一丛木耳。将它们用热水焯一下，酱油里拌一拌，一定无比美味吧？我咽了一口唾液，无限神往地想。

我唯独没有瞥见弟弟。我不知道他躲在什么地方，昨晚有没有睡好，我离开以后的时间里，他一个人该怎样跟这寂寥的雨天，和无边无沿的冷战对抗。

我推着车子，慢吞吞地走在巷子里。我忽然有些不想离开这条巷子，我希望它会像童话里那样，无限地延伸下去，永远不会与村庄的大道相接。我不知道我在等待什么，但我清楚内心的期待。

一百多米的巷子，还是走到了头。就在我准备跨上车子离去的时候，弟弟忽然从拐角处冲出来，站在了我的面前。

他的脸上明显是一夜未眠的困倦，但他努力地打起精神，犹豫着叫我："姐姐……"我的心，陡然又冷硬起来："还不快回家，站在雨里做什么？"他低低地"哦"了一声，却并没有离去的意思。

我不想理他，推车绕过，车轮差一点轧到他的左脚。那只脚蜷缩在一只顶破了的黑色绒面的布鞋里，卑微地擦过满是泥水的车轮。跨上车子的时候，我用余光瞥了一眼身后的弟弟，他依然站在那里，带着胆怯，和满腹无处可以倾诉的心事。车子已经驶出几米了，我终于回头，冲弟弟喊："笨蛋，你不会变成蜗牛的……"

我不知道弟弟有没有听到，那时他已经转身，飞奔回了巷子。

我听见雨，细细的雨，落在大地上的声音。那声音犹如万千生长中的蚕，伏在广袤苍茫的田野里，啃噬着桑叶，没有休止，也永无绝灭……

4. 雨

⊙巴　金

窗外露台上正摊开一片阳光，我抬起头还可以看见屋瓦上的一段蔚蓝天。好些日子没有见到这样晴朗的天气了。早晨我站在露台上昂头接受最初的阳光，我觉得我的身子一下就变得十分轻快似的。我想起了那个意大利朋友的故事。

路易居·发布里在几年前病逝的时候，不过四十几岁。他是意大利的亡命者，也是独裁者墨索里尼的不能和解的敌人。他想不到他没有看见自由的意大利，在那样轻的年纪，就永闭了眼睛。一九二七年春天，在那个多雨的巴黎城里，某一个早上，阳光照进了他的房间，他特别高兴地指着阳光说，这是一件了不起的可喜的事。我了解他的心情，他是南欧的人，是从阳光常照的意大利来的。见到在巴黎的春天里少见的日光，他又想起故乡的蓝天了。他为着自由舍弃了蓝天；他为着自由贡献了一生的精力。可是自由和蓝天两样，他都没有能够再见。

我也像发布里那样地热爱阳光，但有时我也酷爱阴雨。

十几年来，不打伞在雨下走路，这样的事在我不知有过多少次。就是在一九二七年，当发布里抱怨巴黎缺少阳光的时候，我还时常冒着微雨，在黄昏、在夜晚走到国葬院前面卢梭的像脚下，向那个被称为“十八世纪世界的良心”的巨人吐露一个年轻异邦人的痛苦的胸怀。

我有一个应当说是不健全的性格。我常常吞下许多火种在肚里，我却还想保持心境的和平。有时火种在我的腹内燃烧起来。我受不住熬煎。我预感到一个可怕的爆发。为了浇熄这心火，我常常光着头走入雨湿的街道，让冰凉的雨洗我的烧脸。

水滴从头发间沿着我的脸颊流下来，雨点弄污了我的眼镜片。我的衣服渐渐地湿了。出现在我眼前的只是一片模糊的雨景，模糊……白茫茫的一片……我无目的地在街上走来走去。转弯时我也不注意我走进了什么街。我的脑子在想别的事情。我的脚认识路。走过一条街，又走过一条马路，我不留心街上的人和物，但是我没有被车撞伤，也不曾跌倒在地上。我脸上的眼睛看不见现实世界的时候，我的脚上却睁开了一双更亮的眼睛。我常常走了一个钟点，又走回到自己住的地方。

我回到家里，样子很狼狈。可是心里却爽快多了。仿佛心上积满的尘垢都给一阵大雨洗干净了似的。

我知道俄国人有过“借酒淹愁”的习惯。我们的前辈也常说“借酒浇愁”。如今我却在“借雨洗愁”了。

我爱雨不是没有原因的。

单元学习任务

“一切景语皆情语。”本单元的选文都写到了雨，但寄寓的情感是不同的，请认真揣摩，仔细体会，说一说各篇的感情基调。

篇名	感情基调
听雨	喜悦
醉落江南雨	
雨落大地	哀愁，焦虑
雨	

语言要连贯

语言要连贯是从句子逻辑关系的角度提出的要求，看句与句之间衔接得是否合理，是否紧凑。连贯的基本要求是：一番话，紧紧围绕一个话题，语意畅达，不横生枝节；语气贯通，不出现阻隔。要保持语言连贯，需要遵守下列原则：话题要同一，顺序要合理，语言风格要一致，行文前后要照应，衔接过渡要自然。

阅读本单元文章，首先看作者想说的话题是什么，各个句子是怎样围绕同一话题按合理的顺序展开的；其次看格式、风格以及音节的一致性；最后看过渡句的运用、关联词语的运用是否使文段、文句间的衔接过渡自然流畅。

片段集锦

【范例1】

黛玉方进入房时，只见两个人搀着一位鬓发如银的老母迎上来，黛玉便知是他外祖母。方欲拜见时，早被他外祖母一把搂入怀中，心肝儿肉叫着大哭起来。当下地下侍立之人，无不掩面涕泣，黛玉也哭个不住。一时众人慢慢解劝住了，黛玉方拜见了外祖母。——此即冷子兴所云之史氏太君，贾赦贾政之母也。

（曹雪芹《红楼梦》）

【范例2】

“不过人不是为失败而生的，”他说，“一个人可以被毁灭，但不能给打败。”不过我很痛心，把这鱼给杀了，他想。现在倒霉的时刻要来了，可我连鱼叉也没有。这条登多索鲨是残忍、能干、强壮而聪明的，但是我比它更聪明。也许并不，他想，也许我仅仅是武器比它强。

（海明威《老人与海》）

【范例3】

时建安十三年冬十一月十五日，天气晴明，平风静浪。操令：“置酒设乐于大船之上，吾今夕欲会诸将。”天色向晚，东山月上，皎皎如同白日。长江一带，如横素练。操坐大船之上，左右侍御者数百人，皆锦衣绣袄，荷戈执戟。文武众官，各依次而坐。操见南屏山色如画，东视柴桑之境，西观夏口之江，南望樊山，北觑乌林，四顾空阔，心中欢喜。

（罗贯中《三国演义》）

【范例4】

家中雇长沙园丁已到否？菜蔬茂盛否？诸子侄无傲气否？傲为凶德，惰为衰气，二者皆败家之道。戒惰莫如早起，戒傲莫如多走路，少坐轿。望弟留心儆戒，如闻我有傲惰之处，亦写信来规劝。

（曾国藩《曾国藩家书》）

【范例5】

那个向我扑过来的大浪，顿时把我埋了起来，差不多有二三十尺深。我可以感觉到海水里一种很猛的力量和速度把我向岸上猛卷，卷得非常远。我闭住呼吸，拼命向前面游去。当我闭气闭得肺部都要炸了的时候，忽然觉得我的身子往上一浮，我的头和手都露出水面，虽然只露了不到两秒钟，却大大地减少了我的痛苦，使我重新恢复呼吸和勇气。紧跟着我又被浪头压在底下，半天上不来，但时间不太久，我总算支持住了。等我觉得浪头的力量已经使完，要开始退去的时候，我就拼命在后退的海浪里向前挣扎，我的脚又接触到海滩。我站了一会儿，喘了口气，等海水完全退去，就拔起脚来，拼命向岸上跑去。但这个办法还是不能使我逃开那海水的袭击，因为它又重新从我背后涌来，一连两次把我像过去那样卷了起来，向那平坦的海岸冲去。

（丹尼尔·笛福《鲁滨逊漂流记》）

【范例6】

六臂哪吒太子，天生美石猴王，相逢真对手，正遇本源流。那一个蒙差来下界，这一个欺心闹斗牛。斩妖宝剑锋芒快，砍妖刀狠鬼神愁；缚妖索子如飞蟒，降妖大杵似狼头；火轮掣电烘烘艳，往往来来滚绣球。大圣三条如意棒，前遮后挡运机谋。苦争数合无高下，太子心中不肯休。把那六件兵器多教变，百千万亿照头丢。猴王不惧呵呵笑，铁棒翻腾自运筹。以一化千千化万，满空乱舞赛飞虬。唬得各洞妖王都闭户，遍山鬼怪尽藏头。神兵怒气云惨惨，金箍铁棒响飕飕。那壁厢，天丁呐喊人人怕；这壁厢，猴怪摇旗个个忧。发狠两家齐斗勇，不知那个刚强那个柔。

（吴承恩《西游记》）

1. 苦瓜（节选）

⊙肖复兴

原来我家有个小院，院里可以种些花草和蔬菜。这些活儿，都是母亲特别喜欢做的。把那些花草蔬菜侍弄得姹紫嫣红，像是给自己的儿女收拾得眉清目秀、招人眼目，母亲的心里很舒坦。

那时，母亲每年都特别喜欢种苦瓜。其实，这么说并不准确，是我特别喜欢苦瓜。刚开始，是我从别人家里要回苦瓜籽，给母亲种，并对她说：“这玩意儿特别好玩，皮是绿的，里面的瓤和籽是红的！”我之所以喜欢苦瓜，最初的原因就是它里面的瓤和籽格外吸引我。苦瓜结在架上，母亲一直不摘，就让它们那么老着，一直挂到秋风起时。越老，它们里面的瓤和籽越红，红得

“我特别喜欢苦瓜”是对“母亲每年都特别喜欢种苦瓜”的深层解释，话题依然是在描写母亲。

像玛瑙、像热血、像燃烧了一天的落日。当我掰开苦瓜，兴奋地注视着这两片像船一样盛满了鲜红欲滴的瓤和籽的瓜时，母亲总要眯缝起昏花的老眼看着，露出和我一样喜出望外的神情，仿佛那是她老人家的杰作，是她才能给予我的欧·亨利式的意外结尾，让我看到苦瓜最终这一落日般的血红和辉煌。

过渡到“吃苦瓜”上来。

关联词语“无论……还是……都”“既……又”的运用环环相扣。

以后，我发现苦瓜做菜其实很好吃。无论做汤，还是炒肉，都有一种清苦味。那苦味，格外别致，既不会传染上肉或别的菜，又有一种苦中蕴含的清香和苦味淡去的清新。

像喜欢院里母亲种的苦瓜一样，我喜欢上了苦瓜这一道菜。每年夏天，母亲都会经常从小院里摘下沾着露水珠的鲜嫩的苦瓜，给我炒一盘苦瓜青椒肉丝。它成了我家夏日饭桌上一道经久不衰的家常菜。

如今，依然爱吃这样的菜，只是母亲再也不能为我亲手到厨房去将青嫩的苦瓜切成丝，再掂起炒锅亲手将它炒熟，端上自家的餐桌了。

回看上文。这里的“最近”与上文的“原来”“那时”“以后”“如今”贯通一气。

最近，看了一则介绍苦瓜的短文，上面有这样一段文字：“苦瓜味苦，但它从不把苦味传给其他食物。用苦瓜炒肉、焖肉、炖肉，其肉丝毫不沾苦味，故而人们美其名曰‘君子菜’。”

不知怎么搞的，看完这段话，让我想起母亲。

结尾归结到怀念母亲的主题上来。

楷书四大家（二）

颜真卿，唐代著名书法家。他一反初唐书风，化瘦硬为丰腴雄浑，结体宽博，气势恢宏，骨力遒劲而气概凛然，正如他堂堂正正的君子之风，是书法美与人格美完美结合的典范。代表作有《多宝塔碑》《颜勤礼碑》等。

2. 孝心无价

⊙毕淑敏

我不喜欢一个苦孩求学的故事。家庭十分困难，父亲逝去，弟妹嗷嗷待哺，可他大学毕业后，还要坚持读研究生，母亲只有去卖血……我以为那是一个自私的学子。求学的路很漫长，一生一世的事业，何必太在意几年蹉跎？况且这时间的分分秒秒都苦涩无比，需用母亲的鲜血灌溉！一个连母亲都无法挚爱的人，还能指望他会爱谁？把自己的利益放在至高无上位置的人，怎能成为为人类献身的大师？

我也不喜欢父母重病在床，断然离去的游子，无论你有多少理由。地球离了谁都照样转动，不必将个人的力量夸大到不可思议的程度。在一位老人行将就木的时候，将他对人世间最后的期冀斩断，以绝望之心在寂寞中远行，那是对生命的大不敬。

我相信每一个赤诚忠厚的孩子，都曾在心底向父母许下“孝”的宏愿，相信来日方长，相信水到渠成，相信自己必有功成名就衣锦还乡的那一天，可以从容尽孝。

可惜人们忘了，忘了时间的残酷，忘了人生的短暂，忘了世上有永远无法报答的恩情，忘了生命本身有不堪一击的脆弱。

父母走了，带着对我们深深的挂念。父母走了，遗留给我们永无偿还的心情。你就永远无以言孝。

有一些事情，当我们年轻的时候，无法懂得。当我们懂得的时候，已不再年轻。世上有些东西可以弥补，有些东西永无弥补。

“孝”是稍纵即逝的眷恋，“孝”是无法重现的幸福。“孝”是一失足成千古恨的往事，“孝”是生命与生命交接处的链条，一旦断裂，永无连接。

赶快为你的父母尽一份孝心。也许是一处豪宅，也许是一片砖瓦。也许是大洋彼岸的一只鸿雁，也许是近在咫尺的一个口信。也许是一顶纯黑的博士帽，也许是作业簿上的一个红五分。也许是一桌山珍海味，也许是一只野果一朵小花。也许是花团锦簇的盛世华衣，也许是一双洁净的旧鞋。也许是数以万计的金钱，也许只是含着体温的一枚硬币……

但“孝”的天平上，它们等值。

只是，天下的儿女们，一定要抓紧啊！趁你父母健在的光阴。

3. 火烧云

⊙萧　红

晚饭过后，火烧云上来了。霞光照得小孩子的脸红红的。大白狗变成红的了。红公鸡变成金的了。黑母鸡变成紫檀色的了。喂猪的老头儿在墙根靠着，笑盈盈地看着他的两头小白猪变成小金猪了。他刚想说："你们也变了……"，旁边走来个乘凉的人对他说："您老人家必要高寿，您老是金胡子了。"

天上的云从西边一直烧到东边，红彤彤的，好像是天空着了火。

这地方的火烧云变化极多，一会儿红彤彤的，一会儿金灿灿的，一会儿半紫半黄，一会儿半灰半百合色。葡萄灰、梨黄、茄子紫，这些颜色天空都有。还有些说也说不出来、见也没见过的颜色。一会儿，天空出现一匹马，马头向南，马尾向西。马是跪着的，像等人骑上它的背，它才站起来似的。过了两三秒钟，那匹马大起来了，腿伸开了，脖子也长了，尾巴却不见了。看的人正在寻找马尾巴，那匹马变模糊了。

忽然又来了一条大狗。那条狗十分凶猛，在向前跑，后边似乎还跟着好几条小狗。跑着跑着，小狗不知哪里去了，大狗也不见了。

接着又来了一头大狮子，跟庙门前的石头狮子一模一样，也那么大，也那样蹲着，很威武很镇静地蹲着。可是一转眼就变了，再也找不着了。

一时恍恍惚惚的，天空里又像这个又像那个，其实什么也不像，什么也看不清了。必须低下头，揉一揉眼睛，沉静一会儿再看。可是天空偏偏不等待那些爱好它的孩子。一会儿工夫，火烧云就下去了。

楷书四大家（三）

柳公权，官至工部尚书，太子太保。他的书法初学王羲之，旁参初唐诸名家，结体遒劲，而且字字严谨，一丝不苟。楷书结构劲紧，骨力遒健，与颜真卿并称“颜柳”。代表作有《玄秘塔碑》《神策军碑》等。

4. 栗子（节选）

⊙汪曾祺

栗子的形状很奇怪，像一个小刺猬。栗有“斗”，斗外长了长长的硬刺，很扎手。栗子在斗里围着长了一圈，一颗一颗紧挨着，很团结。当中有一颗是扁的，叫作脐栗。脐栗的味道和其他栗子没有什么两样。坚果的外面大都有保护层，松子有鳞瓣，核桃、白果都有苦涩的外皮，这大概都是为了对付松鼠而长出来的。

新摘的生栗子很好吃，脆嫩，只是栗壳很不好剥，里面的内皮尤其不好去。

把栗子放在竹篮里，挂在通风的地方吹几天，就成了“风栗子”。风栗子肉微有皱纹，微软，吃起来更为细腻有韧性。不像吃生栗子会弄得满嘴都是碎粒，而且更甜。贾宝玉为一件事生了气，袭人给他打岔，说：“我想吃风栗子了。你给我取去。”怡红院的檐下是挂了一篮风栗子的。风栗子入《红楼梦》，身价就高起来，雅了。这栗子是什么来头，是贾蓉送来的？刘姥姥送来的？还是宝玉自己在外面买的？不知道，书中并未交代。

栗子熟食的较多。我的家乡原来没有炒栗子，只是放在火里烤。冬天，生一个铜火盆，丢几个栗子在通红的炭火里，一会儿，砰的一声，蹦出一个裂了壳的熟栗子，抓起来，在手里来回倒，连连吹气使冷，剥壳入口，香甜无比，是雪天的乐事。不过烤栗子要小心，弄不好会炸伤眼睛。烤栗子外国也有，西方有“火中取栗”的寓言，这栗子大概是烤的。

楷书四大家（四）

赵孟頫，工书法，尤精楷书和行书，学李邕而以王羲之、王献之为宗，书风遒健秀逸，结体严整，笔法圆熟。楷书圆润清秀，端正严谨，又不失行书之飘逸。代表作有《洛神赋》《胆巴碑》。

5. 石　榴

⊙李孟祺

那是中秋节前的一个下午，我放学回来得早。老爷爷像往常一样，站在斑马线的一端，看着我过了马路。过了马路就是小区门口，老爷爷从水果摊上拿起一个石榴给了我。

石榴又大又好看。轻轻掰开，籽粒水灵灵、红莹莹，里面仿佛聚集着一颗颗闪耀的红宝石。老爷爷对我说，儿女们不让他卖水果了，他把自己院里的石榴树结的石榴都摘了，在门口等着回家的孩子们，每人分一个。

陆陆续续回家的小学生们都收到了一个大大的石榴。当我们嚼着甜甜的石榴籽，向老爷爷表达感谢时，他只是乐呵呵地说：“你们喜欢就好，喜欢就好。”

老爷爷住在我家住的那栋楼的一楼。从我记事起，老爷爷就在小区门口卖水果。他以前是做什么的不大清楚，听院里的人们说，他的儿女们都在外地，老人一直留在这里，是因为怀念逝去的老伴儿。儿女们每月给他生活费他也不要，他就喜欢在门口卖水果。就这样，老爷爷每天出现在小区门口，风雨无阻。

老爷爷喜欢孩子，邻居们都知道。每天放学后，附近的小商小贩们都急着把那些只会来捣乱、影响生意而什么都不买的孩子们赶走，而老爷爷却不同，他招呼孩子们过去，拿些水果给他们吃。虽然每个孩子得到的水果数量不多，但每一个都是当天最新鲜的，他认真清洗过的，并且从来不收孩子们的钱。当孩子们心满意足地吃着他的水果回家时，他总会看着孩子们的背影，脸上露出灿烂的笑容。

中秋节那天，吃晚饭时我跟爸爸妈妈说："楼下的爷爷前几天给了我一个石榴，他还说以后不卖水果了呢。"

妈妈说："是啊，老爷爷要走了。"

"什么？"我有些不相信自己的耳朵。

原来，前几天，老爷爷的儿女都来了，要把老爷爷接到他们的城市，好方便照顾他。起初老爷爷是不同意的，后来儿女们好说歹说，他才同意跟他们走了。

"你知道老爷爷为什么在门口卖水果吗？"妈妈问我。

"不是为了挣钱吗？"我一脸疑惑。

"不是。他有退休金。卖的水果天天给你们吃这么多，怎么能挣到钱？"

"那是为什么？"

"老爷爷的老伴儿是在小区门口出车祸去世的，他不想再有人也这样，特别是放学的时候，为了看好放学的孩子们，所以他一直在门口卖水果。”

我顿时呆住了，原来是这样。

我放下碗筷，开门出去。

“孩子，你去哪儿？”妈妈的声音在我身后响起。

“我去看看老爷爷。”

我跑到楼下，敲门果然没有人。我看看老爷爷院里的石榴树，看看天上的圆月，不禁在心中祈祷：老爷爷，谢谢您又大又好看的石榴，谢谢您多年的守护，希望您老人家在远方能健康长寿！

现在想起来，好像那个又大又好看的石榴还在眼前。

（学生习作）

6. 青春有限

⊙徐乐佳

劝君莫惜金缕衣，劝君惜取少年时。

——题记

青春，无忧无虑的青春，心敞开得像一朵云彩，笑绽放得像一串铜铃，梦飞翔得像一只蝴蝶……

十三岁的我正值青春，措手不及地踏上这样一条未知的路。虽然青春初至，也曾彷徨，但无法忘却的是美丽的心情，永不放弃的是成长的意义。

有人问：青春是什么颜色的？我宁愿它是金色的。它像梦境，掀开斑驳的记忆，一桩桩，一件件，那丝丝缕缕令人魂牵梦萦的往事，历历重现在眼前，暖暖的，像阳光一般美好，耀眼。它让我插上理想的翅膀展翅飞翔。

喜欢在黑夜、孤灯下遥望星空，是青春；在被伤害的日子里，独自面对，仍是青春。

是的，十三岁，落进了心中积累已久的欢乐哀愁。在别人的眼光中，飞过了最高的高度，在朋友、老师的鼓励中，看到了欣慰的笑容。虽然没能抓住这幼稚、轻狂的每一天，却从心底明白了些什么。

那一切缤纷的往日在脑中重复，像一部电影，亲切至极却毫不厌倦。是的，我已经长大了，要好好学习，不辜负这青春！

毕淑敏在散文中写道：她愿拿所有的一切，去换一个一无所有的青春。总是想起自己的狂妄，都在时间的壁垒上坍塌了。谁不是这样？但我们不一样，我们有青春呀！童年的棉花糖化了，但是甜蜜还在。青春的时光呢？早就一去不复返了。

青春是一条路，注定每个人都要走过。站在路口，会看见蹒跚者和失败者，会退缩，会流泪。但我们别无选择，我们属于这条路。需要做的，是擦干眼泪，勇敢前进，毫不退缩。

（学生习作）

整本书阅读

朱自清散文精选

⊙朱自清

阅读导航

朱自清的散文是中国现代散文的典范。本书精选最能代表朱自清艺术水平的散文77篇，其中《匆匆》《背影》《荷塘月色》《春》等名篇，被选入大学、中学的语文教材。朱自清善于把自己的真情实感，通过平易的叙述表达出来，笔致简约、亲切，读来有一种娓娓动人的风采。朱自清的散文风格素朴缜密、清隽沉郁，以语言洗练、文笔秀丽著称。朱自清的老朋友叶圣陶先生曾这样说："每回重读佩弦兄的散文，我就回想起倾听他的闲谈的乐趣，古今中外，海阔天空，不故作高深而情趣盎然。我常常想，他这样的经验，他这样的想头，不是我也有过的吗？在我只不过一闪而逝，他却紧紧抓住了。他还能表达得恰如其分，或淡或浓，味道极正而且醇厚。"诚哉斯言，接下来，让我们赶快走进这本《朱自清散文精选》，品味这"极正而且醇厚"的味道吧！

精彩选篇

冬　天

说起冬天，忽然想到豆腐。是一“小洋锅”（铝锅）白水煮豆腐，热腾腾的。水滚着，像好些鱼眼睛，一小块一小块豆腐养在里面，嫩而滑，仿佛反穿的白狐大衣。锅在“洋炉子”（煤油不打气炉）上，和炉子都熏得乌黑乌黑，越显出豆腐的白。这是晚上，屋子老了，虽点着“洋灯”，也还是阴暗。围着桌子坐的是父亲跟我们哥儿三个。“洋炉子”太高了，父亲得常常站起来，微微地仰着脸，觑着眼睛，从氤氲的热气里伸进筷子，夹起豆腐，一一地放在我们的酱油碟里。我们有时也自己动手，但炉子实在太高了，总还是坐享其成的多。这并不是吃饭，只是玩儿。父亲说晚上冷，吃了大家暖和些。我们都喜欢这种白水豆腐；一上桌就眼巴巴望着那锅，等着那热气，等着热气里从父亲筷子上掉下来的豆腐。

又是冬天，记得是阴历十一月十六晚上，跟S君P君在西湖里坐小划子。S君刚到杭州教书，事先来信说：“我们要游西湖，不管它是冬天。”那晚月色真好，现在想起来还像照在身上。本来前一晚上是“月当头”；也许十一月的月亮真有些特别吧。那时九点多了，湖上似乎只有我们一只划子。有点风，月光照着软软的水波；当间那一溜儿反光，像新砑的银子。湖上的山只剩了淡淡的影子。山下偶尔有一两星灯光。S君口占两句诗道：“数星灯火认渔村，淡墨轻描远黛痕。”我们都不大说话，只有均匀的桨声。我渐渐地快睡着了。P君“喂”了一下，才抬起眼皮，看见他在微笑……这已是十多年前的事了，S君还常常通着信，P君听说转变了好几次，前年是在一个特税局里收税了，以后便没有消息。

在台州过了一个冬天，一家四口子。台州是个山城，可以说在一个大谷里。只有一条二里长的大街。别的路上白天简直不见人；晚上一片漆黑。偶尔人家窗户里透出一点灯光，还有走路的拿着火把，但那是少极了。我们住在山脚下。有的是山上松林里的风声，跟天上一只两只的鸟影。夏末到那里，春初便走，却好像老在过着冬天似的；可是即便真冬天也并不冷。我们住在楼上，书房临着大路；路上有人说话，可以清清楚楚地听见。但因为走路的人太少了，间或有点说话的声音，听起来还只当远风送来的，想不到就在窗外。我们是外路人，除上学校去之外，常只在家里坐着。妻也惯了那寂寞，只和我们爷儿们守着。外边虽老是冬天，家里却老是春天。有一回我上街去，回来的时候，楼下厨房的大方窗开着，并排地挨着她们母子三个；三张脸都带着天真微笑地向着我。似乎台州空空的，只有我们四人；天地空空的，也只有我们四人。那时是1921年，妻刚从家里出来，满自在。现在她死了快四年了，我却还老记着她那微笑的影子。

无论怎么冷，大风大雪，想到这些，我心上总是温暖的。

论气节

气节是我国固有的道德标准，现代还用着这个标准来衡量人们的行为，主要的是所谓读书人或士人的立身处世之道。但这似乎只在中年一代如此，青年代倒像不大理会这种传统的标准，他们在用着正在建立的新的标准，也可以叫作新的尺度。中年代一般会接受这传统，青年代却不理会它，这种脱节的现象是变的时代或动乱时代常有的。因此就引不起什么讨论。直到近年，冯雪峰先生才将这标准这传统作为问题提出，加以分析和批判：这是在他的《乡风与市风》那本杂文集里。

冯先生指出“士节”的两种典型：一是忠臣，一是清高之士。他说后者往往因为脱离了现实，成为“为节而节”的虚无主义者，结果往往会变了节。他却又说“士节”是对人生的一种坚定的态度，是个人意志独立的表现。因此也可以成就接近人民的叛逆者或革命家，但是这种人物的造就或完成，只有在后来的时代，例如我们的时代。冯先生的分析，笔者大体同意；对这个问题笔者近来也常常加以思索，现在写出自己的一些意见，也许可以补充冯先生所没有说到的。

气和节似乎原是两个各自独立的意念。《左传》上有“一鼓作气”的话，是说战斗的。后来所谓“士气”就是这个气，也就是“斗志”；这个“士”指的是武士。孟子提倡的“浩然之气”，似乎就是这个气的转变与扩充。他说“至大至刚”，说“养勇”，都是带有战斗性的。“浩然之气”是“集义所生”，“义”就是“有理”或“公道”。后来所谓“义气”，意思要狭隘些，可也算是“浩然之气”的分支。现在我们常说的“正义感”，虽然特别强调现实，似乎也还可以算是跟“浩然之气”联系着的。至于文天祥所歌咏的“正气”，更显然跟“浩然之气”一脉相承。不过在笔者看来两者却并不完全相同，文氏似乎在强调那消极的节。

节的意念也在先秦时代就有了，《左传》里有“圣达节，次守节，下失节”的话。古代注重礼乐，乐的精神是“和”，礼的精神是“节”。礼乐是贵族生活的手段，也可以说是目的。他们要定等级，明分际，要有稳固的社会秩序，所以要“节”，但是他们要统治，要上统下，所以也要“和”。礼以“节”为主，可也得跟“和”配合着；乐以“和”为主，可也得跟“节”配合着。“节”跟“和”是相反相成的。明白了这个道理，我们可以说所谓“圣达节”等等的“节”，是从礼乐里引申出来成了行为的标准或做人的标准；而这个节其实也就是传统的“中道”。按说“和”也是中道，不同的是“和”重在合，“节”重在分；重在分所以重在不犯不乱，这就带上消极性了。

向来论气节的，大概总从东汉末年的党祸起头。那是所谓处士横议的时代。在野的士人纷纷批评和攻击宦官们的贪污政治，中心似乎在太学。这些在野的士人虽然没有严密的组织，却已经在联合起来，并且博得了人民的同情。宦官们害怕了，于是乎逮捕拘禁那些领导人。这就是所谓“党锢”或“钩党”，“钩”是“钩连”的意思。从这两个名称上可以见出这是一种群众的力量。那时逃亡的党人，家家愿意收容着，所谓“望门投止”，也可以看出人民的态度，这种党人，大家尊为气节之士。气是敢作敢为，节是有所不为——有所不为也就是不合作。这敢作敢为是以集体的力量为基础的，跟孟子的“浩然之气”与世俗所谓“义气”只注重领导者的个人不一样。后来宋朝几千太学生请愿罢免奸臣，以及明朝东林党的攻击宦官，都是集体运动，也都是气节的表现。但是这种表现里似乎积极的“气”更重于消极的“节”。

在专制时代的种种社会条件之下，集体的行动是不容易表现的，于是士人的立身处世就偏向了“节”这个标准。在朝的要做忠臣。这种忠节或是表现在冒犯君主尊严的直谏上，有时因此牺牲性命；或是表现在不做新朝的官甚至以身殉国上。忠而至于死，那是忠而又烈了。在野的要做清高之士，这种人表示不愿和在朝的人合作，因而游离于现实之外；或者更逃避到山林之中，那就是隐逸之士了。这两种节，忠节与高节，都是个人的消极的表现。忠节至多造就一些失败的英雄，高节更只能造就一些明哲保身的自了汉，甚至于一些虚无主义者。原来气是动的，可以变化。我们常说志气，志是心之所向，可以在四方，可以在千里，志和气是配合着的。节却是静的，不变的；所以要“守节”，要不“失节”。有时候节甚至于是死的，死的节跟活的现实脱了榫，于是乎自命清高的人结果变了节，冯雪峰先生论到周作人，就是眼前的例子。从统治阶级的立场看，“忠言逆耳利于行”，忠臣到底是卫护着这个阶级的，而清高之士消纳了叛逆者，也是有利于这个阶级的。所以宋朝人说“饿死事小，失节事大”，原先说的是女人，后来也用来说士人，这正是统治阶级代言人的口气，但是也表示着到了那时代士的个人地位的增高和责任的加重。

“士”或称为“读书人”，是统治阶级最下层的单位，并非“帮闲”。他们的利害跟君相是共同的，在朝固然如此，在野也未尝不如此。固然在野的处士可以不受君臣名分的束缚，可以“不事王侯，高尚其事”，但是他们得吃饭，这饭恐怕还得靠农民耕给他们吃，而这些农民大概是属于他们做官的祖宗的遗产的。“躬耕”往往是一句门面话，就是偶然有个把真正躬耕的如陶渊明，精神上或意识形态上也还是在负着天下兴亡之责的士，陶的《述酒》等诗就是证据。可见处士虽然有时横议，那只是自家人吵嘴闹架，他们生活的基础一般的主要的还是在农民的劳动上，跟君主与在朝的大夫并无两样，而一般的主要的意识形态，彼此也是一致的。

然而士终于变质了，这可以说是到了民国时代才显著。从清朝末年开设学校，教员和学生渐渐加多，他们渐渐各自形成一个集团；其中有不少的人参加革新运动或革命运动，而大多数也倾向着这两种运动。这已是气重于节了。等到民国成立，理论上人民是主人，事实上是军阀争权。这时代的教员和学生意识到自己的主人身份，游离了统治的军阀；他们是在野，可是由于军阀政治的腐败，却渐渐获得了一种领导的地位。他们虽然还不能和民众打成一片，但是已经在渐渐地接近民众。五四运动划出了一个新时代。自由主义建筑在自由职业和社会分工的基础上。教员是自由职业者，不是官，也不是候补的官。学生也可以选择多元的职业，不是只有做官一路。他们于是从统治阶级独立，不再是“士”或所谓“读书人”，而变成了“知识分子”，集体的就是“知识阶级”。残余的“士”或“读书人”自然也还有，不过只是些残余罢了。这种变质是中国现代化的过程的一段，而中国的知识阶级在这过程中也曾尽了并且还在想尽他们的任务，跟这时代世界上别处的知识阶级一样，也分享着他们一般的运命。若用气节的标准来衡量，这些知识分子或这个知识阶级开头是气重于节，到了现在却又似乎是节重于气了。

知识阶级开头凭着集团的力量勇猛直前，打倒种种传统，那时候是敢作敢为一股气。可是这个集团并不大，在中国尤其如此，力量到底有限，而与民众打成一片又不容易，于是碰到集中的武力，甚至加上外来的压力，就抵挡不住。而一方面广大的民众抬头要饭吃，他们也没法满足这些饥饿的民众。他们于是失去了领导的地位，逗留在这夹缝中间，渐渐感觉着不自由，闹了个“四大金刚悬空八只脚”。他们于是只能保守着自己，这也算是节罢；也想缓缓地落下地去，可是气不足，得等着瞧。可是这里的是偏于中年一代。青年代的知识分子却不如此，他们无视传统的“气节”，特别是那种消极的“节”，替代的是“正义感”，接着“正义感”的是“行动”，其实“正义感”是合并了“气”和“节”，“行动”还是“气”。这是他们的新的做人的尺度。等到这个尺度成为标准，知识阶级大概是还要变质的吧？

阅读规划

宋代哲学家陆九渊在《读书》一诗中写道："读书切戒在慌忙，涵泳工夫兴味长。未晓不妨权放过，切身须要急思量。"意思是说，读书一定要杜绝急急忙忙、一目十行的毛病，应该沉浸在书中，反复咀嚼、品味，这样才能体会出无穷的意味来。有不明白的地方不妨暂且放过去，与自己切身相关的需要认真思考。尤其是在阅读散文时一定要对富有表现力的语言进行咀嚼品味，读出文字背后的意味，读出语言文字运用的妙处。

在读《朱自清散文精选》的时候，建议用四五周的时间通读这几十篇文章，完成以下表格：

《朱自清散文精选》读书卡

阅读时间	阅读时长	阅读篇目	提要摘记	阅读心印（可从文章主题、人物、语言等方面写出你的发现与收获）

交流平台

1. 在阅读散文时，可以采用出声朗读的方式，在朗读中感受作者的情感，体会语言的节奏和韵律。建议同学们选择自己喜欢的朱自清散文（或者片段），以小组为单位开展一次朗诵会。

2. 不少散文名篇都有“形散而神不散”的特点。所谓“形散”，主要指散文的取材十分广泛自由，不受时间和空间的限制，表现方法也富有多样性。所谓“神不散”，主要是说其要表述的主题明确而集中。请从本书中选择几篇文章，说一说它们是如何体现这一特点的。

3.“文如其人”是一个成语，指文章的风格同作者的性格特点相似；现也指文章必然反映作者的思想、立场和世界观。通过读这本书，你觉得朱自清是一个什么样的人呢？请结合文章的具体内容，谈谈你的看法。

敬　启

为编好这本书，我们与收入本书的作品（含图片）作者进行了广泛联系，得到了各位作者的大力支持。在此，我们表示衷心的感谢。但是，由于个别作者地址不详，虽经多方努力，仍无法取得联系。敬请各位有著作权的作者尽快与我们联系，以便我们支付稿酬，并致谢忱！

我们还要感谢使用本书的师生们。希望你们在使用本书的过程中，能够及时把意见和建议反馈给我们，对此，我们深表谢意，并将给予一定奖励。让我们携起手来，共同完成本书的建设工作。

联 系 人：梁老师　张老师

联系电话：010-58022100

联系邮箱：ztxx2008@sina.com

网　　址：http://www.ywztxx.com

地　　址：北京市海淀区知春路7号致真大厦A座18层

图书在版编目（CIP）数据

岁月留痕 / 林楚涛主编. — 上海 : 上海教育出版社, 2021.6

ISBN 978-7-5720-0817-7

Ⅰ. ①岁… Ⅱ. ①林… Ⅲ. ①阅读课—初中—教学参考资料 Ⅳ. ①G634.333

中国版本图书馆CIP数据核字（2021）第142048号

责任编辑　李清奇
封面设计　陈丽娟　王艺霖
著作权人　北京华樾教育科技有限公司

岁月留痕

林楚涛　主编

出版发行　上海教育出版社有限公司
官　　网　www.seph.com.cn
地　　址　上海市永福路 123 号
邮　　编　200031
印　　刷　肥城新华印刷有限公司
开　　本　720 × 1010　1/16　印张 66
字　　数　900千字
版　　次　2021年8月第1版
印　　次　2021年8月第1次印刷
书　　号　ISBN 978-7-5720-0817-7/G · 0633
定　　价　268.00元

如发现质量问题，请向本社调换　　电话 021-64377165